SOBRE A MORTE

SOBRE A MORTE
Pensamentos e conclusões sobre as últimas coisas

Arthur Schopenhauer

Organização de
ERNST ZIEGLER

IN MEMORIAM FRANCO VOLPI
(1952-2009)

Tradução
KARINA JANNINI

Revisão técnica
DANIEL QUARESMA F. SOARES

Esta obra foi publicada originalmente em alemão com o título
ÜBER DEN TOD
por Verlag C. H. Beck
Copyright © Verlag C. H. Beck, Munique, 2010
Copyright © 2013, Editora WMF Martins Fontes Ltda.,
São Paulo, para a presente edição.

1ª edição 2013
2ª edição 2020
2ª tiragem 2023

Tradução
KARINA JANNINI

Revisão da tradução
Daniel Quaresma F. Soares
Acompanhamento editorial
Luzia Aparecida dos Santos
Revisões
Sandra Cortés e Helena Guimarães Bittencourt
Edição de arte
Katia Harumi Terasaka
Produção gráfica
Geraldo Alves
Paginação
Studio 3 Desenvolvimento Editorial
Capa
Katia Harumi Terasaka Aniya

Dados Internacionais de Catalogação na Publicação (CIP)
(Câmara Brasileira do Livro, SP, Brasil)

Schopenhauer, Arthur, 1788-1860.
 Sobre a morte : pensamentos e conclusões sobre as últimas coisas / Arthur Schopenhauer ; organização de Ernst Ziegler ; tradução Karina Jannini ; revisão técnica Daniel Quaresma F. Soares. – 2ª ed. – São Paulo : Editora WMF Martins Fontes, 2020. – (Obras de Schopenhauer)

"In memorian Franco Volpi (1952-2009)"
Título original: Über Den Tod.
ISBN 978-85-469-0325-2

1. Filosofia alemã 2. Morte 3. Schopenhauer, Arthur, 1788-1860 I. Ziegler, Ernst. II. Soares, Daniel Quaresma F. III. Título. IV. Série.

20-33064 CDD-193

Índices para catálogo sistemático:
1. Filosofia alemã 193
2. Schopenhauer : Filosofia alemã 193

Cibele Maria Dias – Bibliotecária - CRB-8/9427

Todos os direitos desta edição reservados à
Editora WMF Martins Fontes Ltda.
Rua Prof. Laerte Ramos de Carvalho, 133 01325.030 São Paulo SP Brasil
Tel. (11) 3293.8150 e-mail: info@wmfmartinsfontes.com.br
http://www.wmfmartinsfontes.com.br

Sumário

Introdução VII
Filosofar significa aprender a morrer? XI – A vida, uma luta XIX – Sobre o medo da morte XX – Espaço e tempo XXIII – Sobre a definição da morte XXV

Cronologia XXIX

SOBRE A MORTE 1

De: Sobre a morte e sua relação com a indestrutibilidade de nossa essência em si 3

De: Sobre a doutrina da indestrutibilidade de nossa verdadeira essência pela morte 31

ANTOLOGIA 37
Morte e filosofia 39 – Consciência 42 – Intelecto 44 – Necessidade da morte 46 – Procriação 47 – Nascimento 49 – Juventude e velhice 51 – Eu e os outros 54 – Sono 56 – Pecado e dívida 57 – Medo da morte 59 – A boa morte 61 – Morrer 63 – Perduração após a morte 66 – Apontamentos sobre a morte 70

Abreviações das obras citadas 73

Introdução

Por Ernst Ziegler

> *As pessoas esperam após sua morte*
> *por aquilo de que não têm esperança*
> *e em que não acreditam.*
> Heráclito

> *Sei que o momento da morte*
> *aniquila os homens e seus planos*
> *e que tudo no mundo*
> *está sujeito às leis da mudança.*
> Frederico, o Grande, em seu
> Testamento político, de 1752

No último capítulo de sua introdução à antologia *A arte de envelhecer*, Franco Volpi refletiu sobre a morte e escreveu:

"Naturalmente, existe o implacável mecanismo de contagem do tempo, o rigor da decadência biológica, o *unus dies par omni*: a morte, ou seja, o dia que, de maneira singularmente democrática, é, de fato, igual para todos. Na juventude, quando, por assim dizer, escalamos a montanha da vida, não conseguimos 'ver a morte, pois ela está no sopé do outro lado da montanha'. Porém, depois que ultrapassamos o cume, 'então avistamos realmente a morte, que até esse momento conhecíamos apenas de ouvir falar'. Tomamos consciência de sua aproximação devido ao esgotamento de todas as forças do organismo, aquele processo bem triste do 'marasmo', que, não obstante, é necessário e até mesmo benéfico e salutar: 'Pois, sem essa preparação [a diminuição de todas as forças], a morte seria difícil demais. Por isso, o maior ganho que se obtém ao se alcançar uma idade muito avançada é a eutanásia, ou seja, a morte extremamente fácil, não iniciada por nenhuma doença, não acompanhada por nenhuma convulsão e que não é absolutamente sentida'. De resto, em relação à efemeridade do todo, há que se refletir se 'a vida não é algo que é melhor ter atrás de si do que na frente'. Assim, tal como ensina o Eclesiastes: 'O dia da morte é melhor do que o dia do nascimento.'

A conclusão de nosso persistente pessimista – nos últimos tempos, um otimista bem instruído – é bastante simples: 'É preciso apenas envelhecer bem para se ter tudo.'"[1]

Quem se ocupa da morte e, a partir da gigantesca bibliografia sobre o processo de morrer e a morte, tivesse de selecionar uma ou duas obras, certamente recorreria à *História da morte* (1978), de Philippe Ariès (1914-1984), e talvez à principal obra de Vladimir Jankélévitch (1903-1985), *A morte* (1977)[2].

---

1. Arthur Schopenhauer, *Die Kunst, alt zu werden oder Senilia* [*A arte de envelhecer ou Senilia*. São Paulo, WMF Martins Fontes, 2012], com base na transcrição de Ernst Ziegler, org. por Franco Volpi. Munique, 2009, p. 19.

Marasmo: esgotamento geral das forças físicas e intelectuais; *marasmus senilis*: esgotamento das forças em idade avançada; fraqueza devido à velhice.

2. Ariès, Philippe. *Geschichte des Todes*. Munique, Viena, 1980.
Jankélévitch, Vladimir. *Der Tod*. Frankfurt am Main, 2005.

No que se refere a Arthur Schopenhauer, textos sobre o processo de morrer e a morte encontram-se, entre outros, nos *Anuários Schopenhauer*: naquele do ano de 1971, em seu artigo "O que é a morte?", Joachim Gerlach tentou "alcançar uma definição do conceito filosófico da morte esclarecendo os fatos das ciências naturais". A Gerlach pareceu adequado "convergir na problemática filosófica de *Schopenhauer* sobre a morte, que, no contexto de sua obra principal, ocupou-se com especial profundidade dessa questão"[3]. – No *Anuário Schopenhauer* de 1988, Alfred Schmidt publicou um texto a ser transmitido por rádio com o título "Sobre a morte e a metafísica em Schopenhauer". Ele ressalta a importância dos "textos sagrados da Índia antiga", bem como "do bramanismo e do budismo" para Schopenhauer, e trata da "vontade como essência em si", da força vital, que, tal como a força natural, permanece intocada pela "mudança das formas e dos estados", da importância do presente e da "metafísica ateísta" de Schopenhauer, que não promete "nenhuma perduração da pessoa após a morte"[4]. – No volume 86, encontram-se "Dois ensaios sobre a vida e a morte", de Stephan Atzert; um deles sobre "*O outro lado do princípio do prazer*, de Sigmund Freud", e o segundo com o título "*A especulação transcendente* de Arthur Schope-

---

3. Gerlach, Joachim. "Was ist der Tod?", in: *Schopenhauer-Jahrbuch 1971*. Frankfurt am Main, 1971, vol. 52, pp. 40-58, p. IV, p. 50.

4. Schmidt, Alfred. "Über Tod und Metaphysik bei Schopenhauer", in: *Schopenhauer-Jahrbuch 1988*. Frankfurt am Main, 1988, vol. 69, pp. 75-83.

nhauer *sobre a aparente intencionalidade no destino do indivíduo*". Graças a esses ensaios, ficamos sabendo, entre outras coisas, que Freud mencionou "a semelhança com Schopenhauer": "Mas uma coisa não conseguimos nos ocultar", escreveu ele, "a saber, o fato de que, inesperadamente, chegamos ao porto da filosofia de Schopenhauer, para quem a morte é 'o verdadeiro resultado' e, nesse sentido, o objetivo da vida [...]."[5] – Helke Panknin-Schappert escreveu em seu artigo "Arthur Schopenhauer e o paradoxo da morte", do *Anuário* de 2006, que o capítulo "Sobre a morte e sua relação com a indestrutibilidade de nossa essência em si" teria sido pouco notado pela pesquisa. Não obstante, a discussão sobre a morte nas obras completas de Schopenhauer é "de central importância"; além disso, a decadência do corpo e a morte a ela vinculada seriam "uma chave para a compreensão da filosofia de Schopenhauer". Em seguida, em quatro capítulos são tratados os principais pensamentos e as principais questões sobre o tema "Schopenhauer e a morte": "O fenômeno da morte como expressão de uma verdade epistemológica: o mundo como representação"; "O medo da morte como expressão de uma verdade me-

---

5. Atzert, Stephan. "Zwei Aufsätze über Leben und Tod: Sigmund Freuds *Jenseits des Lustprinzips* und Arthur Schopenhauers *Transscendente Spekulation über die anscheinende Absichtlichkeit im Schicksal des Einzelnen*", in: *Schopenhauer-Jahrbuch 2005*. Würzburg, 2005, vol. 86, pp. 179-94, p. 183.

tafísica: o mundo como vontade"; "A importância irreal do conceito abstrato da morte: o conhecimento essencial do mero presente"; "Um novo posicionamento em relação à morte como expressão de uma verdade ética: a serenidade diante da morte"[6].

Nos textos mencionados, trata-se de ensaios altamente eruditos, que, também por essa razão, não são muito acessíveis a um círculo amplo de leitores, uma vez que os *Anuários Schopenhauer* permanecem reservados, sobretudo, à "ciência rigorosa", a um público acadêmico. A presente antologia não pode nem pretende lhe fazer concorrência. Não pretendemos acrescentar nenhuma reflexão ulterior aos inúmeros livros sobre o processo de morrer, sobre a morte e, principalmente, sobre "a vida após a morte". Nossa intenção é bem mais modesta: apresentar o que Arthur Schopenhauer pensou e escreveu sobre o processo de morrer e a morte em uma seleção "popular", compreensível e de leitura agradável.

Filosofar significa aprender a morrer?

Tenho à frente um livrinho de cinco centímetros de largura, nove de comprimento e um de espessura, com o título *Arthur Schopenhauer, Sobre a morte*. Na capa, a

---

6. Panknin-Schappert, Helke. "Arthur Schopenhauer und die Paradoxie des Todes", in: *Schopenhauer-Jahrbuch 2006*. Würzburg, 2006, vol. 87, pp. 137-56.

designação "edição militar"*. Esse pequeno volume foi editado em 1915 pela Hyperion-Verlag, de Berlim, e contém o capítulo 41 da principal obra de Schopenhauer, *O mundo como vontade e representação*, com o título "Sobre a morte e sua relação com a indestrutibilidade de nossa essência em si". É improvável que o sargento russo Grischa, que fugira de uma prisão alemã em 1917, trouxesse consigo essa "edição militar". Todavia, é possível que Arnold Zweig (1887-1968), que escreveu o romance *A disputa em torno do sargento Grischa*, tivesse o livrinho quando foi soldado não combatente na Sérvia e em Verdun (*Erziehung vor Verdun* [A educação antes de Verdun]) e, a partir de 1917, escritor e censor no departamento de imprensa do Ober-Ost**; não sabemos. – Certo é que essa "edição militar" constitui um impressionante documento de época: um texto de Schopenhauer, que, supostamente, deve ter dado consolo e auxílio aos soldados da Primeira Guerra Mundial.

Durante meus estudos, um jovem colega faleceu após um longo período com câncer. Em uma palestra, o professor de filosofia desse estudante o recordou. De seu

---

* Em alemão: *Feldpostausgabe*. Tanto na Primeira quanto na Segunda Guerra Mundial, algumas editoras publicavam antologias das obras de seu catálogo para serem enviadas aos soldados na linha de frente. Geralmente eram brochuras finas e leves, monocromáticas e feitas com papel mais barato. (N. da T.)

** Na Primeira Guerra Mundial, Comando Supremo de todas as Forças Alemãs no Leste. (N. da T.)

necrológio, na época impressionou-me a frase "filosofar significa aprender a morrer", que até hoje ficou gravada em minha memória. Na ocasião, leu-se também o *Fédon*, de Platão: "Quando a alma se desprende do corpo e dele nada leva é porque espontaneamente, em vida, nada tinha em comum com ele, mas dele fugia e permanecia recolhida em si mesma, uma vez que sempre se esforçara por esse objetivo, o que não significa outra coisa a não ser que ela filosofava da maneira correta e, na verdade, preparava-se para uma morte leve – ou tudo isso não significaria esforçar-se pela morte?"[7]

Nas *Disputas tusculanas*, de Cícero, lemos que toda a vida do filósofo é uma "preparação para a morte" (*commentatio mortis*), e, em sua obra *Sobre a brevidade da vida*, Sêneca escreveu: "Durante a vida inteira, é preciso aprender a morrer"[8]. Michel de Montaigne intitulou um

---

7. Platão (427-347 a.C.): *Phaidon oder Über die Unsterblichkeit der Seele*, tradução e notas de Arthur Hübscher. Munique, Zurique, 1988 (Série Piper, vol. 805), p. 49. A esse respeito, cf. Platão, "Phaidon", in: Platon. *Sämtliche Werke*. Hamburgo, 1959 (Rowohlts Klassiker der Literatur und der Wissenschaft, Griechische Philosophie, vol. 4), vol. 3, pp. 20 e 32.

8. Marcus Tullius Cicero (106-43 a.C.): *Gespräche in Tusculum*, latim-alemão, com observações detalhadas e reedição de Olof Gigon. Munique, Zurique, 1992 (Coleção Tusculum), p. 71.

Lucius Annaeus Seneca (cerca de 4 a.C.-65 d.C.): "Über die Kürze des Lebens", in: L. Annaeus Seneca: *Philosophische Schriften*, latim-alemão, organizado por Manfred Rosenbach. Darmstadt, 1989, vol. 2, diálogos VII-XII, p. 193.

capítulo de seus *Ensaios* de "Filosofar significa aprender a morrer" (*Que philosopher c'est apprendre à mourir*)[9]. Em contrapartida, Jankélévitch deu a um parágrafo de seu livro sobre a morte o título de "Não se aprende a morrer". Sua "verdade simples e irônica" diz: "Assim, pode-se tentar da maneira que se quiser: o homem sempre será surpreendido; o inimigo sempre chega quando não é esperado e, obviamente, sempre cedo demais". E conclui o parágrafo com a constatação: "No final, até aos mais impetuosos e mais sinceros a preparação para a morte de nada servirá"[10].

Para Arthur Schopenhauer, é "a consciência da morte e, com ela, a consideração do sofrimento e da miséria da vida o que dá o mais forte impulso à reflexão filosófica e às interpretações metafísicas do mundo"[11]. "Como qualquer pessoa excelente" com mais de quarenta anos, quem filosofa e se ocupou a vida inteira de Schopenhauer "dificilmente ficará livre de certo vestígio de misantropia"[12]. Segundo Wilhelm Gwinner, para Schopenhauer, o período mais perigoso da velhice parecia ser "o início dos quarenta anos; se estes fossem atravessados com felicidade, os próximos dez seriam vividos com facilidade"[13]. Uma vez

....

9. Michel de Montaigne (1533-1592): *Essais, Erste moderne Gesamtübersetzung von Hans Stilett*. Frankfurt am Main, 1998 (Die andere Bibliothek), p. 45.

10. Jankélévitch. *Der Tod*, pp. 336, 337.

11. D, 2, pp. 176-7.

12. D, 4, p. 533.

13. Gwinner, Wilhelm. *Schopenhauer's Leben*. Leipzig, 1878, pp. 614-5.

que os primeiros setenta anos são passados com felicidade, que a morte é "o verdadeiro resultado e, nesse sentido, o objetivo da vida", e que devemos ver a vida "como um empréstimo que recebemos da morte", mal não pode fazer ocuparmo-nos minuciosamente dela[14].

Não se trata aqui de "lamentar o tempo, uma vez que já não existiremos", pois isso seria tão absurdo quanto queixar-se do tempo, "uma vez que ainda não existíamos"[15]. "Por conseguinte, nossa tarefa não é investigar o passado antes da vida nem o futuro após a morte, e sim reconhecer o presente como a única forma em que a vontade se manifesta; o presente não escapará da vontade, mas, no fundo, ela tampouco escapará dele."[16]

Para que um dia se consiga ir ao encontro da morte com mais tranquilidade, é preciso traçar uma imagem dela reconsiderando-se os pensamentos de Schopenhauer e realizando uma reflexão própria a respeito. Nesse sentido, é necessário ter em mente que, mesmo com a idade avançada de setenta anos, ocupar-se da morte com a mentalidade atual de nossa sociedade deveria ser algo bastante incomum – embora nunca se tenha falado e escrito tanto sobre a morte como nos dias atuais. (É significativo que grande parte dessa "literatura sobre o processo de

---

14. D, 4, p. 250.
D, 5, p. 301.
Cf. a respeito D, 5, p. 17; D, 2, p. 730; HN III, p. 591.
15. D, 2, p. 532.
16. D, 1, p. 330.

morrer e a morte" se ocupe da "vida" após a morte – tema sobre o qual também se teria muito a dizer!)

Quem reflete sobre a morte também pode perguntar por que, afinal, vive – e encontrará a resposta em Schopenhauer: "Assim como somos atraídos para a vida pela pulsão totalmente ilusória à voluptuosidade, nela somos mantidos pelo medo igualmente ilusório da morte."[17]

Pode-se contrapor essa definição, antes pessimista, a uma concepção mais otimista, à teoria da metempsicose e do renascimento ou ressurgimento (palingenesia): "Poder-se-ia muito bem distinguir a metempsicose como a passagem da chamada alma como um todo para outro corpo – e a palingenesia como a decomposição e a regeneração dos indivíduos, na medida em que apenas sua vontade persiste e, supondo-se que haja a formação de um novo ser, recebe um novo intelecto [...] de que no budismo, no que se refere à perduração após a morte, existe uma teoria exotérica e outra esotérica: a primeira é justamente a metempsicose, como no bramanismo; a segunda, porém, é uma palingenesia muito mais difícil de compreender, que coincide em grande medida com minha doutrina da subsistência metafísica da vontade no que se refere à natureza meramente física do intelecto e, portanto, à sua efemeridade."[18] Talvez – poder-se-ia acre-

---

17. D, 2, p. 568.

18. D, 5, p. 302, cf. também p. 301: "O moribundo perece, mas resta um embrião, a partir do qual surge um novo ser, que agora passa a existir sem saber de onde veio nem por que é justamente tal como é. Esse é o

ditar – minha "alma" ou minha "vontade" devesse ou quisesse ser "atraída", empurrada para a vida, por exemplo, por intermédio da voluptuosidade?

Segundo Schopenhauer, mesmo as visões fundamentais do materialismo e do naturalismo contêm a mensagem "de que o ser vivo não sofre um aniquilamento absoluto com a morte, e sim subsiste na totalidade da natureza e com ela"[19].

Quem é agnóstico está sempre pronto a transmitir essas especulações a quem sabe e crê e a seguir o conselho de Immanuel Kant, que em seu texto "Os sonhos de um vidente, explicado pelos sonhos da metafísica", escreveu: "A razão humana tampouco tinha asas suficientes para separar nuvens tão altas que escondiam de nós os segredos do outro mundo, e aos curiosos que insistem tanto em saber a respeito dele, pode-se dar a seguinte informação simples, porém muito natural: a de que seria bem mais aconselhável se eles tivessem paciência para esperar até chegar lá. Uma vez que nosso destino no mundo futuro supostamente depende muito de como administramos nosso posto no presente, concluo com o que Voltaire disse ao final de seu sincero *Candide*, após

---

mistério da palingenesia, cuja explicação pode ser observada no 41º capítulo do segundo volume de minha obra principal. Segundo ela, parece-nos evidente que todos os seres que vivem nesse momento recebem o verdadeiro cerne de todos os seres que viverão no futuro e que, de certo modo, já existem agora."

19. D, 2, p. 539.

tantas discussões escolares desnecessárias: Deixai-nos cuidar de nossa felicidade, ir ao jardim e trabalhar."[20]

Certo é que, na vida, tudo dura apenas um instante e corre para a morte[21]. Embora saibamos disso e, em momentos de lucidez, também já tenhamos considerado a morte, "como o piscar de olhos, que não interrompe a visão", cada um vê a própria morte "como o fim do mundo"[22].

Nós, homens, não conhecemos "nenhum jogo de dados mais elaborado do que aquele da morte e da vida", e "vemos com extrema tensão, participação e com extremo medo toda decisão que as envolva"[23]. Aos nossos olhos, na vida, tudo está em jogo. Em contrapartida, a natureza abandona "a vida de todo animal, bem como a do homem, aos acasos mais insignificantes" e não se importa nem um pouco com a vida ou a morte do indivíduo[24]. Ao contrário do homem, que carrega consigo "a certeza de sua morte em conceitos abstratos", o animal só fica conhecendo a morte quando morre. Contudo, o homem "se aproxima conscientemente de sua morte a cada hora,

---

20. Kant, Immanuel. *Vorkritische Schriften bis 1768*, org. por Wilhelm Weischedel. Frankfurt am Main, 1977 (*Immanuel Kant Werkausgabe*, II), vol. 2, pp. 919-89.

21. D, 2, p. 545.

22. D, 3, p. 743.

Cf. a respeito D, 2, p. 546.

D, 1, p. 392.

23. D, 2, p. 539.

24. D, 2, p. 539.

e, às vezes, essa consciência faz ponderar com preocupação até mesmo aquele que ainda não reconheceu esse aniquilamento contínuo como um caráter inerente à vida inteira"[25]. Somente "com o advento da razão, portanto, no homem", é que sobrevém a reflexão; apenas o homem se vê conscientemente diante da morte, e com a finitude de toda existência também se lhe impõe, em maior ou menor medida, a inutilidade de toda aspiração[26]. "E o fato de a vida, como todos sabem, não ser brincadeira permite concluir que a morte é coisa séria."[27]

A vida, uma luta

Mas, afinal, o que faz com que as pessoas perseverem nessa "luta tão penosa"[28]? É questionável se, de fato, a vida da maioria "é apenas uma luta constante" pela existência, "com a certeza de que, ao final, será perdida"[29]. Sem dúvida, para muitas pessoas a vida é uma luta; porém, grande parte delas não a sente assim, pois não chega a pensar nela de tanto que luta – em seu trabalho e em seu tempo livre[30]. De acordo com a visão pessimista

---

25. D, 1, pp. 332, 44.
26. D, 2, pp. 175-6.
27. D, 2, p. 529.
28. D, 1, p. 368.
29. D, 1, p. 368.
30. Cf. a respeito Tobler, Jürg. *Freizeit! Dessert als Hauptspeise*. St. Gallen, 2008 (Liberales Forum).

de Schopenhauer, a vida é não apenas uma luta, mas também "um sofrimento constante", um negócio "que não cobre os custos"[31]. Não obstante, a maioria prefere viver muito mal a não viver, pois a vontade de viver é algo "evidente"[32]. A justificação de Schopenhauer – que, de resto, não vivia nem um pouco mal – era bem precisa: "Nós próprios somos a vontade-de-viver: por isso, temos de viver, bem ou mal."[33] Além daqueles que vivem mal, existem – com mais ou menos pessimismo – aqueles que vivem bem e gostam de viver; para eles, a vida é não apenas um "morrer continuamente impedido", uma "morte sempre postergada", mas também é tudo, e alegres eles cantam o "Gaudeamus igitur"[34]. Quem é dessa opinião geralmente não reflete a respeito, pois falta-lhe tempo para pensar, e ele tem de aproveitar a vida.

Sobre o medo da morte

Para as pessoas que passam a vida lutando com muito esforço e para aquelas que podem desfrutá-la, é menos "o amor à vida do que o medo da morte que, todavia, se encontra inexoravelmente em segundo plano e

---

31. D, 2, p. 271.
32. D, 2, p. 271.
33. D, 2, p. 271.
34. D, 1, p. 367.
"Alegremo-nos, portanto (com a vida)."

pode aparecer a qualquer momento"³⁵. Pois um "medo exagerado da morte" é próprio de todo ser vivo e, de certo modo, inato a ele, e, mais do que o sofrimento, tememos a morte³⁶. Curiosamente, porém, a certeza de que a morte virá só angustia o homem nos momentos "em que alguma ocasião a evoca em sua imaginação"³⁷. O pensamento da morte certa e não distante não nos inquieta além disso; cada um conduz sua vida "como se tivesse de viver para sempre; e isso vai tão longe que permite dizer que ninguém tem verdadeiramente uma firme convicção da certeza de sua morte"³⁸. E é bom que seja assim!

Então nos perguntamos o que em nós tem medo da morte. Segundo a doutrina de Schopenhauer, nossa essência se divide em uma parte que quer e outra que conhece, em vontade e intelecto, em coração e cabeça³⁹. – A vontade é imortal e indestrutível, pois "sua aspiração à existência e à manifestação da origem do mundo é sempre realizada"⁴⁰. A vontade é "nosso verdadeiro si mesmo, o cerne de nossa essência", que não conhece nada além "de querer e não querer, estar ou não satisfeito, com todas as modificações da questão, que são chamadas de

---

35. D, 1, pp. 368-9.
36. D, 2, pp. 271, 729.
37. D, 1, p. 332.
38. D, 1, p. 332.
39. D, 2, pp. 533, 569.
40. D, 2, p. 569.

sentimentos, afetos e paixões"[41]. Independentemente de como esse "verdadeiro si mesmo" ou "o cerne de nossa essência" é caracterizado, eles não desaparecem com a morte; ao contrário, permanecem incólumes[42]. – Por outro lado, o Eu cognoscente, ou seja, a consciência cognoscente e individual, é atingido pela morte; ele não sobrevive, mas termina com a morte. O intelecto é a parte destrutível de nossa essência. Não obstante: "O homem está no coração, não na cabeça."[43] Curiosamente, porém, não será a cabeça, o intelecto, que, em nós, "é capaz de temer a morte e que teme apenas a ela", mas justamente o coração, a vontade. Por um lado, o medo da morte se baseia no fato "de que a vontade individual não se separa de bom grado do intelecto que lhe foi atribuído no curso da natureza, ou seja, de seu condutor e guardião, sem o qual ela se sente desamparada e cega"[44]. É a vontade que esmorece no indivíduo que sofre o medo da morte, uma vez que está submetida à ilusão "de que sua existência estaria limitada ao ser que agora morre: essa ilusão pertence ao difícil sonho ao qual ela sucumbiu como vontade-de-viver"[45]. O medo da morte também pode ser atribuído a uma falta daquela metafísica natural e meramente sentida, "em virtude da qual o homem traz

---

41. D, 2, p. 270.
42. D, 2, p. 270.
43. D, 1, pp. 223, 270, 568-9.
44. D, 2, pp. 569, 571.
45. D, 2, p. 572.

em si a certeza que existe em todos, ou melhor, em tudo, do mesmo modo que em sua própria pessoa, cuja morte, por conseguinte, pouco pode afetá-lo"[46].

Espaço e tempo

A mencionada ilusão e o desconhecimento de que somos idênticos e "os mesmos" em todos são produzidos pelo espaço e pelo tempo, que Schopenhauer, "com uma expressão emprestada da antiga e verdadeira escolástica", chama de *principium individuationis*[47]. Espaço e tempo

---

46. D, 5, p. 224.

A teóloga Monika Renz, que, como diretora do departamento de psico-oncologia do hospital do cantão de St. Gallen, acompanha muitas pessoas em processo de morte, diz o seguinte: "Tomemos o conceito 'todo'. Onde termina o 'todo', onde começa o 'todo', o que não pertence ao 'todo'? É a quintessência da abundância, um conceito pertinente para aquilo que chamamos de Deus: o todo. No entanto, pensando bem, 'todo' significa que, na verdade, nós, humanos, a ele pertencemos. Eu, você, ele e ela. E vejo em meu trabalho que esta é a última dimensão da experiência: ser parte desse todo. No dia a dia, sentimos muito pouco esse todo. Há um mecanismo de seleção que separa o Eu desse todo, de modo que não se percebe que se é parte dele."

Jornal da igreja evangélica reformada do cantão de St. Gallen: "Sterben", 11/2009, ano 58, p. 3.

47. D, 1, p. 134.
D, 2, p. 572.
D, 3, p. 737.

tornam possível a multiplicidade do que é homogêneo; "graças a eles, aquilo que, de acordo com o ser e o conceito, é igual e único aparece como distinto e múltiplo quando disposto em sequência e paralelamente"[48]. Espaço e tempo são "as formas de nossa própria faculdade intuitiva, pertencem a ela, e não às coisas conhecidas por meio delas; portanto, nunca poderão ser uma determinação das coisas em si, mas apenas convir ao seu fenômeno, assim como este só é possível em nossa consciência do mundo externo, que depende de condições fisiológicas"[49].

Para Schopenhauer, "sempre existiu" (nos Vedas, nos Upanixades, em Pitágoras, na Escola Eleática, nos neoplatônicos, em Escoto Erigena, Giordano Bruno, Espinosa, Kant, Schelling) essa doutrina, segundo a qual "toda multiplicidade seria apenas aparente e em todos os indivíduos deste mundo, ainda que sejam em número infinito e se apresentem em sequência e paralelamente, manifesta-se uma única essência presente, idêntica e realmente existente"[50].

....

Principium individuationis: o fundamento da existência de seres individuais ou de particularidades, indivíduos; a distinção de uma generalidade nos indivíduos.

48. D, 1, pp. 134, 391.
49. D, 3, p. 737.
50. D, 3, pp. 738-9.

Sobre a definição da morte

Essa definição depende menos das considerações filosóficas gerais do que da seguinte questão: como nos consideramos? O que somos, afinal? Conforme escreveu Schopenhauer, poder-se-ia "considerar todo homem de dois pontos de vista opostos": por um lado, ele é "o indivíduo que tem um início e um fim no tempo, que passa de maneira rápida e efêmera", que é onerado com erros e dores; por outro, é "o ser originário e indestrutível, que se objetiva em todo existente" e pode dizer: "Sou tudo o que foi, o que é e o que será."[51]

Livros sagrados e filósofos de todas as épocas nos disseram e ainda dizem, e nós mesmos também o sabemos: és tudo e nada! O filósofo Vladimir Jankélévitch escreveu em *Der Tod* [A morte] que, por si só, o homem é "um destino único e uma biografia única no mundo; é uma existência inteiramente aplicada à singularidade", e "a individualidade da pessoa que já se foi permanece tão insubstituível quanto a morte dessa pessoa em si não pode ser compensada"[52]. Tudo sou como indivíduo, apenas por mim, referindo-me apenas a mim, justamente como "individualidade" – nada em relação ao mundo, à natureza, aos infinitos outros seres, se comparados ao tempo e ao espaço. Essa simples asserção – para não dizer esse

---

51. D, 5, p. 303.
52. Jankélévitch, V. *Der Tod*, pp. 12, 20, 36: "Esse nada é tudo para nós; ou, em outras palavras, trata-se justamente desse tudo-ou-nada."

lugar-comum – pode ser interpretada de modo que, em um caso (és tudo), tudo também termina com a morte e, no outro (nada és), pouco se perde – se é que, de fato, algo termina ou se perde de maneira geral.

Essa dúvida nos reconduz a Schopenhauer e à sua doutrina de que, já neste momento, "minha essência interior em si mesma" também vive em outras existências. Por causa de uma ilusão que separa minha consciência daquela dos demais, não percebo esse fato[53]. O homem só é "diferente das outras coisas do mundo" como fenômeno. Todavia, ele não é simplesmente fenômeno, mas, sobretudo, também "coisa em si", vontade, e a vontade é "o que em tudo aparece"[54]. Essa sentença é um ponto em que a filosofia de Schopenhauer se encontra com o bramanismo e o hinduísmo. Essa ilusão, esse engano sobre minha própria essência "é o maia do bramanismo"[55]. "Assim como o exército infinito de estrelas sempre brilha sobre nossa cabeça, mas só se nos torna visível depois que o sol se põe", minha existência individual, que se assemelha ao sol, tudo ofusca e é um obstáculo para o conhecimento "de que toda multiplicidade é apenas uma miragem, um maia"[56]. Segundo Schopenhauer, a morte é

---

53. D, 2, pp. 688-9.
54. D, 1, p. 333.
55. D, 2, p. 689.
56. D, 2, p. 689.

Glasenapp, Helmuth von. *Die nichtchristlichen Religionen*. Frankfurt am Main, Das Fischer Lexikon, vol. 1, 1957, p. 161.

a anulação dessa ilusão, a refutação desse engano que ela neutraliza: "No momento da morte, damo-nos conta de que uma mera ilusão limitara nossa existência à nossa pessoa."[57]

* * *

Há muitos anos trabalho em um texto sobre a morte em Arthur Schopenhauer, no qual, na verdade, o caminho é a meta, ou seja, nunca se previra partir da rica coletânea de material para publicar uma seleção das passagens particularmente belas e impressionantes a respeito do grande tema da morte. Se isso foi possível, devo a Franco Volpi (†) e a Raimund Bezold, da editora C. H. Beck; a Monika Rüegger agradeço a cuidadosa transcrição de meu manuscrito.

---

57. D, 1, p. 333.
D, 2, p. 689.

Cronologia

1788. Nasce Arthur Schopenhauer em Dantzig (Gdansk). Kant: *Kritik der praktischen Vernunft* [*Crítica da razão prática*].
1790. Kant: *Kritik der Urteilskraft* [*Crítica da faculdade de julgar*].
1794. Fichte: *Grundlage der gesamten Wissenschaftslehre* [Fundamentos da doutrina da ciência em seu conjunto].
1800. Schelling: *System des transzendentalen Idealismus* [Sistema do idealismo transcendental].
1800-05. Destinado por seu pai ao comércio, Schopenhauer realiza uma série de viagens pela Europa ocidental: Áustria, Suíça, França, Países Baixos, Inglaterra. Isso lhe rende um *Diário de viagem* e um excelente conhecimento do francês e do inglês.
1805. Morre seu pai. Schopenhauer renuncia à carreira comercial para dedicar-se aos estudos nos liceus de Gotha e de Weimar.
1807. Hegel: *Die Phänomenologie des Geistes* [*Fenomenologia do espírito*].

1808. Fichte: *Reden an die deutsche Nation* [Discurso à nação alemã]. Goethe: *Die Wahlverwandtschaften* [*As afinidades eletivas*] e *Faust* (primeira parte).

1809-13. Schopenhauer prossegue seus estudos nas universidades de Göttingen e de Berlim.

1813. Schopenhauer: *Ueber die vierfache Wurzel des Satzes vom zureichenden Grunde* [Da quádrupla raiz do princípio de razão suficiente] (tese de doutorado).

1814. Morre Fichte.

1815. Derrota de Napoleão em Waterloo. O Congresso de Viena reorganiza a Europa sob o signo da Santa Aliança.

1816. Schopenhauer: *Ueber das Sehen und die Farben* [*Sobre a visão e as cores*].

1818. Hegel na universidade de Berlim, onde lecionará até sua morte.

1819. Schopenhauer: *Die Welt als Wille und Vorstellung* [*O mundo como vontade e representação*].

1820. Schopenhauer começa a lecionar em Berlim com o título de *Privatdozent*. Fracassa.

1825. Nova tentativa na universidade de Berlim. Novo fracasso. Schopenhauer renuncia à docência e passa a viver daí em diante com a herança paterna.

1830. Hegel: *Enzyklopädie der philosophischen Wissenschaften im Grundrisse* [*Enciclopédia das ciências filosóficas em compêndio*] (edição definitiva).

1831. Morre Hegel.

1832. Morre Goethe.

1833. Schopenhauer estabelece-se em Frankfurt, onde residirá até sua morte.
1836. Schopenhauer: *Ueber den Willen in der Natur* [Da vontade na natureza].
1839. Schopenhauer recebe um prêmio da Sociedade Norueguesa de Ciências de Drontheim por uma dissertação sobre "A liberdade da vontade".
1840. A dissertação "Sobre o fundamento da moral" não recebe o prêmio da Sociedade Real Dinamarquesa de Ciências de Copenhague.
1841. Schopenhauer publica suas duas dissertações de concurso sob o título de *Die beiden Grundprobleme der Ethik* [Os dois problemas fundamentais da ética]. Feuerbach: *Das Wesen des Christentums* [A essência do cristianismo].
1843. Kierkegaard: *Frygt og Boeven* [*Temor e tremor*].
1844. Schopenhauer: *O mundo como vontade e representação*, segunda edição acompanhada de *Suplementos*. Stirner: *Der Einzige und sein Eigentum* [O único e a sua propriedade]. Marx e Engels: *Die heilige Familie oder Kritik der kritischen Kritik gegen Bruno Bauer und Konsorten* [A sagrada família ou Crítica da crítica crítica contra Bruno Bauer e sócios].
1846. Comte: *Discours sur l'esprit positif* [Discurso sobre o espírito positivo].
1848. Marx e Engels: *Manifest der Kommunistischen Partei* [*Manifesto do Partido Comunista*]. Revolução na França e na Alemanha. Sua correspondência confirma

que Schopenhauer desejou e apoiou a repressão em Frankfurt.

1851. Schopenhauer: *Parerga und Paralipomena* [Parerga e Paralipomena]. Êxito e primeiros discípulos, Frauenstädt, Gwinner etc.

1856. Nasce Freud.

1859. Darwin: *On the Origin of Species* [A origem das espécies].

1860. Morre Schopenhauer.

SOBRE A MORTE

Sobre a morte e sua relação com a indestrutibilidade de nossa essência em si[1]

A morte é o verdadeiro gênio inspirador ou o Muságeta da filosofia, razão pela qual Sócrates também a definiu como *thanatou meléte* [preparação para a morte]. De fato, sem a morte, seria até difícil filosofar. Por isso, é perfeitamente legítimo que uma consideração especial sobre a morte seja colocada aqui, no início de nosso último livro, que é o mais sério e o mais importante de todos.

O animal vive sem um verdadeiro conhecimento da morte: por isso, o indivíduo animal desfruta diretamente de toda a imortalidade da espécie, na medida em que tem consciência de si mesmo apenas como ser sem fim. No homem, o surgimento da razão trouxe necessariamente consigo a assustadora certeza da morte. No entanto, como na natureza para todo mal há sempre um remédio ou, pelo menos, um substituto, a mesma reflexão que provocou o conhecimento da morte também nos conduz a

---

1. D, 2, pp. 292-307.

Muságeta: na verdade, aquele que conduz as musas; amigo e protetor das musas, das ciências e das artes, condutor das musas, apelido de Apolo e Hércules.

formular opiniões metafísicas que nos consolam a respeito, e das quais o animal não necessita nem é capaz de ter. Esse é o objetivo principal a que se orientam todas as religiões e todos os sistemas filosóficos, que, em primeiro lugar, constituem, portanto, o antídoto da certeza da morte, produzido pela razão reflexiva a partir de recursos próprios. No entanto, o grau em que alcançam esse objetivo é muito variado, e não há dúvida de que certa religião ou certa filosofia, muito mais do que qualquer outra, tornará o homem apto a encarar a morte com um olhar sereno. Nesse sentido, o bramanismo e o budismo, que ensinam o homem a ver-se como o próprio ser primordial, o Brama, que é essencialmente alheio a todo nascimento e a todo perecimento, são muito mais eficazes do que aquelas religiões para as quais o homem foi criado a partir do nada e que fazem com que sua existência, recebida de outrem, realmente comece com o nascimento. Por conseguinte, encontramos na Índia uma confiança na morte e um desprezo por ela que são inconcebíveis na Europa. De fato, quanto a essa importante questão, é grave querer impor ao homem e nele inculcar precocemente conceitos fracos e insustentáveis, tornando-o para sempre incapaz de assimilar os conceitos mais corretos e mais sólidos. Por exemplo, ensinar-lhe que apenas pouco tempo antes ele foi criado a partir do nada, por conseguinte, que ele nada foi ao longo de uma eternidade e, não obstante, será imortal no futuro é exatamente como ensinar-lhe que, embora ele seja inteiramente obra de outrem, será eternamente responsável por suas ações e omissões. Quando, então, com o intelecto amadurecido e capaz de refletir, a inconsistência de tais doutrinas se impuser ao homem, ele nada terá de melhor para colocar em seu lugar e, o que é pior, não terá sequer a capacidade para entender esse melhor, perdendo, assim, o consolo que a natureza destinara também a ele como compensação pela certeza da morte. [...]

A julgar por tudo o que tem sido ensinado sobre a morte, não se pode negar que, ao menos na Europa, a opinião dos homens, e muitas vezes até do próprio indivíduo, com frequência oscila entre a concepção da morte como aniquilamento absoluto e a suposição de que seríamos, por assim dizer, totalmente imortais. Ambas são errôneas: no entanto, aqui se trata menos de alcançar um justo meio do que adquirir um ponto de vista mais elevado, a partir do qual essas opiniões se descartam por si sós.

Eu gostaria de iniciar essas observações partindo de um ponto de vista totalmente empírico. – De início, vemo-nos diante do fato incontestável de que, segundo a consciência natural, o homem teme não apenas a própria morte mais do que qualquer outra coisa, mas também chora com profunda tristeza pela morte dos seus e, aparentemente, não de maneira egoísta pela perda que sofreu, e sim por compaixão, suscitada pela grande infelicidade que os atingiu; eis por que ele censura como sem coração e sem amor aquele que, num caso como esse, não chora nem demonstra tristeza. Paralelamente a isso, a sede de vingança, em seu mais alto grau, busca a morte do adversário como o maior mal a que se pode condená-lo. – As opiniões variam de acordo com a época e o lugar: mas, em toda parte, a voz da natureza sempre permanece idêntica a si mesma; por isso, convém ouvi-la mais do que a qualquer outra coisa. O que ela parece declarar aqui, com toda clareza, é que a morte é um grande mal. Na linguagem da natureza, morte significa aniquilamento. E o fato de a vida, como todos sabem, não ser brincadeira, permite concluir que a morte é coisa séria. Pode-se dizer que merecemos nada melhor do que ambas.

De fato, o medo da morte independe de todo conhecimento: pois o animal o tem, embora não conheça a morte. Tudo o que nasce já o traz consigo para o mundo. *A priori*, porém, esse medo da morte é apenas o reverso da vontade-de-viver, que somos todos nós. Por isso, assim como todo animal nasce com a preocupação de se manter, nasce também com o medo de ser destruído: este, e não a mera tentativa de evitar a dor, é o que se manifesta na prudência temerosa, com a qual o animal tenta proteger a si mesmo e, mais ainda, sua cria de todo aquele que ofereça algum perigo. Por que o animal foge, treme e busca esconder-se? Porque, sendo pura vontade-de-viver, mas, como tal, estando destinado a morrer, deseja ganhar tempo. O homem é exatamente igual, por natureza. O maior dos males, a pior de todas as ameaças é a morte, e o maior medo, o de morrer. [...]

Em contrapartida, bem longe de estar na origem daquela semelhança com a vida, o conhecimento chega a agir contra ela, na medida em que revela sua insignificância e, assim, combate o medo da morte. – Quando o conhecimento vence e, por conseguinte, o homem enfrenta a morte com coragem e serenidade, essa ação é honrada como grande e nobre: celebramos, então, o triunfo do conhecimento sobre a cega vontade-de-viver, que, no entanto, é o cerne de nossa própria essência. Do mesmo modo, desprezamos o homem, cujo conhecimento sucumbe a essa luta, aquele homem que, portanto, está incondicionalmente ligado à vida, que se opõe com todas as suas forças à aproximação da morte e a recebe com desespero: no entanto, nele se manifesta apenas a essência originária de nosso eu e da natureza. [...]

Se o que faz com que a morte nos pareça tão assustadora fosse a ideia do não ser, deveríamos pensar com o mesmo horror no tempo em que ainda não existíamos. Pois é incontestavelmente certo que o não ser após a morte não pode ser diferente daquele antes do nascimento, portanto, tampouco nos poderia afligir mais. Toda uma infinidade transcorreu quando ainda não existíamos: mas isso não nos aflige de modo algum. Ao contrário, achamos difícil e até insuportável que o incidente momentâneo de uma existência efêmera deva ser seguido por uma segunda eternidade, na qual já não existiremos. Não teria essa sede de existência surgido do fato de termos experimentado a vida e tê-la achado tão adorável? Conforme já evocado antes: certamente não; a experiência realizada poderia ter despertado uma nostalgia infinita do paraíso perdido do não ser. Além disso, à esperança da imortalidade da alma é sempre atrelada aquela de um "mundo melhor" – um sinal de que o atual não é muito adequado. – A despeito de tudo isso, a questão sobre nosso estado após a morte é certamente muito mais discutida, em livros e oralmente, do que aquela sobre nosso estado antes do nascimento. Teoricamente, porém, a primeira é um problema tão concebível e legítimo quanto a segunda: além disso, quem respondesse a uma não teria dúvidas a respeito da outra. Temos belas declarações sobre como seria escandaloso pensar que o espírito do homem, que abrange o mundo e é capaz de pensamentos tão excelentes, iria com ele para a cova: porém, nada se ouve sobre o fato de esse espírito ter deixado passar toda uma eternidade antes de nascer com suas qualidades, e que o mundo tenha tido de se arranjar sem ele durante todo esse tempo. Não obstante, nenhuma pergunta se apresenta de maneira mais natural ao conhecimento não corrompido pela vontade do que esta: um tempo infinito transcorreu antes de meu nascimento; o que fui durante todo esse tempo? – Metafisicamente, talvez se possa responder: "Sempre fui eu: a saber, todos que, ao longo desse tempo, diziam Eu eram justamente Eu". Só que, de nossa perspectiva, por ora ainda totalmente empírica, é preciso abstrair de semelhante conclusão e admitir que nunca existi. Nesse caso, no que se refere ao tempo infinito após minha morte, durante o qual não existirei, posso consolar-me com o tempo infinito, durante o qual tampouco existi, como se este fosse um estado que me é familiar e realmente muito confortável. Pois a eternidade *a parte post* [depois da vida] sem mim não pode ser mais horrível do que aquela *a parte ante* [antes da vida] sem mim, uma vez que ambas se distinguem apenas pela intervenção de um sonho de vida efêmero. Além disso, todas as provas da perduração da vida após a morte podem ser igualmente aplicadas *in partem ante*, quando então demonstram a existência antes da vida, hipótese adotada pelos hindus e pelos budistas, que, por isso, mostram grande coerência. Somente a idealidade que Kant tinha a respeito do tempo resolve todos esses enigmas: mas não falaremos disso agora. Todavia, do que já foi dito depreende-se que é tão absurdo lamentar o tempo em que já não se existirá quanto seria absurdo lamentar aquele em que ainda não se existia: pois é indiferente se o tempo que não preenche nossa existência se relaciona com aquele que a preenche como futuro ou passado.

No entanto, também se abstrairmos totalmente dessas considerações sobre o tempo, em si e por si é absurdo considerar o não ser um mal, pois todo mal, assim como todo bem, pressupõe a existência e até a consciência; esta, porém, termina com a vida, tal como no sono e no desmaio; por isso, para nós, a ausência de consciência é bem conhecida e familiar como um estado que não contém nenhum mal e cujo aparecimento, em todo caso, é questão de um instante. [...]

Por conseguinte, do ponto de vista do conhecimento, parece não haver nenhuma razão para temer a morte: como a consciência consiste no conhecimento, para ela a morte não é um mal. De fato, não é essa parte cognoscente de nosso Eu que teme a morte, pois a *fuga mortis* [o temor da morte] que preenche todo ser vivo parte unicamente da vontade cega. [...]

De acordo com essa mesma distinção [a origem do medo da morte], o que torna a morte tão temível a nossos olhos não é tanto o fim da vida, pois a ninguém ela parece particularmente digna de ser lamentada, e sim a destruição do organismo, uma vez que, na verdade, ele é a própria vontade que se apresenta como corpo. No entanto, só sentimos realmente essa destruição nos males da doença ou da velhice; por outro lado, para o sujeito a morte em si consiste apenas no instante em que a consciência deixa de existir porque a atividade do cérebro se interrompe. Na verdade, a consequente interrupção que se alastra a todas as outras partes do organismo já é um evento posterior à morte. Portanto, do ponto de vista subjetivo, a morte diz respeito apenas à consciência. O que o término desta significa, de certo modo todo o mundo pode imaginar ao adormecer; porém, melhor ainda a conhece quem já sofreu um verdadeiro desmaio, quando a transição não é tão gradual, ainda intermediada por sonhos; ao contrário, a visão é a primeira coisa que se perde, quando ainda se está totalmente consciente, e logo depois sobrevém a inconsciência mais profunda: a sensação que se tem então, enquanto durar essa inconsciência, não é nada menos do que desagradável, e, sem dúvida, assim como o sono é o irmão da morte, o desmaio é seu irmão gêmeo. A morte violenta tampouco pode ser dolorosa, uma vez que, em regra, ferimentos graves não são absolutamente sentidos; com frequência só são percebidos um momento depois, devido a seus sinais externos: se tais ferimentos provocam uma morte rápida, a consciência se findará antes dessa descoberta; se demorarem mais para provocar a morte, então ocorrerá o mesmo que nas outras doenças. Também aqueles que perderam a consciência na água ou por vapor de carbono, ou ainda por estrangulamento, declaram por experiência própria que não sentiram dor. E, por fim, a morte natural propriamente dita, decorrente da velhice ou da eutanásia, não deixa de ser, de maneira imperceptível, um desaparecimento, uma dissipação gradual da existência. Aos poucos, com a idade, as paixões e os desejos vão se apagando junto com a receptividade para seus objetos; os afetos já não encontram nenhum estímulo, pois a capacidade de imaginação torna-se cada vez mais fraca, suas imagens, mais opacas; as impressões já não se fixam, passam sem deixar vestígios; os dias transcorrem cada vez mais rápidos, os acontecimentos perdem sua importância; tudo se desvanece. O velho cambaleia ou repousa em um canto, apenas uma sombra, um fantasma daquilo que era. O que ainda resta nele para a morte destruir? [...]

Disso se conclui que a interrupção completa do processo vital deve ser um alívio extraordinário para a força motriz que o anima: talvez esse alívio tenha sua participação na expressão de doce satisfação no rosto da maioria dos mortos. De modo geral, é provável que o instante da morte se assemelhe àquele do despertar de um sonho ruim, de um pesadelo.

Com base no que vimos até agora, conclui-se que a morte, por mais temida que seja, não pode ser propriamente um mal. Muitas vezes, porém, ela chega a aparecer como um bem, algo desejado, uma amiga. Todos os que foram de encontro a obstáculos insuperáveis em sua existência ou em suas aspirações, que sofreram de doenças incuráveis ou de uma tristeza inconsolável têm como último refúgio, que geralmente se lhes abre por si só, o retorno ao seio da natureza, do qual eles, como todos os outros, emergiram por um breve período, atraídos pela esperança de encontrar condições mais favoráveis de existência do que aquelas que tiveram, e para sair dessas condições o mesmo caminho sempre se encontra aberto. Esse retorno é a *cessio bonorum* [a cessão de todos os bens] do ser vivo. No entanto, aqui também ela só se apresenta após uma luta física ou moral: todos se opõem fortemente a retornar ao local de onde tão fácil e prontamente vieram, para entrar em uma existência que tem tanto sofrimento e tão poucas alegrias a oferecer. [...]

Tanto menos podemos ter a ideia de considerar o término da vida o aniquilamento do princípio vital e, portanto, considerar a morte o completo desaparecimento do homem. Nenhum intelecto capaz de refletir e bem regulado considerará que, por já não existir o braço forte que há três mil anos esticou o arco de Ulisses, a força que nele atuava de modo tão enérgico estaria totalmente aniquilada; por outro lado, após refletir sobre essa conclusão, tampouco irá supor que a força que hoje estica o arco só teria começado a existir com aquele braço. É bem mais plausível pensar que a força que antes movia uma vida hoje extinta é a mesma que age na vida que agora floresce: sim, esse pensamento é quase incontestável. [...]

Portanto, até esse ponto já seria possível demonstrar com segurança a imortalidade de nossa verdadeira essência. Contudo, por certo isso não atenderá as exigências que costumam ser feitas em relação às provas de nossa perduração após a morte, tampouco proporcionará o consolo que dela se espera. Entretanto, sempre é alguma coisa, e quem teme a morte como o aniquilamento absoluto de si mesmo não pode desdenhar a total certeza de que o princípio mais íntimo de sua vida permanece intocado pela morte. [...]

As considerações que nos conduziram até este ponto e às quais se vincularam as discussões ulteriores partiram do acentuado medo da morte, que preenche todo ser vivo. Mudemos agora o ponto de vista para considerar de que maneira, em oposição ao ser individual, a totalidade da natureza se comporta quanto à morte. Não obstante, permaneceremos na mesma base empírica.

Por certo, não conhecemos nenhum jogo de dados mais elaborado do que aquele da morte e da vida, e vemos com extrema tensão, participação e com extremo medo toda decisão que as envolva, pois, a nossos olhos, tudo está em jogo em tudo. – Em contrapartida, a natureza, que nunca mente, mas é honesta e sincera, diz coisas totalmente diferentes sobre essa questão, tal como Krishna no Bhagavad-Gita. Sua declaração é a seguinte: a morte ou a vida do indivíduo não importam em absoluto. É o que ela mostra ao abandonar a vida de todo animal, bem como a do homem, aos acasos mais insignificantes, sem intervir para salvá-los. – Observai o inseto em vosso caminho: um pequeno e inconsciente desvio em vosso passo decidirá a vida ou a morte dele. Vede a lesma, sem nenhum recurso para fugir, defender-se, camuflar-se ou esconder-se; uma presa pronta para qualquer um. Vede o peixe brincar despreocupadamente na rede ainda aberta; a rã, cuja fuga, que a poderia salvar, é impedida por sua indolência; o pássaro, que não nota o falcão pairando sobre ele; as ovelhas, que o lobo observa e examina atrás da moita. Todos eles, dotados de pouca cautela, circulam ignaros em meio a perigos que a qualquer momento ameaçam sua existência. Portanto, ao abandonar sem reservas seus organismos tão inefavelmente engenhosos não apenas à rapacidade dos mais fortes, mas também ao acaso mais cego e ao capricho de um louco qualquer, bem como às diabruras de toda criança, a natureza declara que o aniquilamento desses indivíduos lhe é indiferente, não lhe prejudica, não tem nenhum significado para ela, e que, nesses casos, o efeito tem tão pouca importância quanto a causa. Ela declara isso com toda a clareza, sem nunca mentir, mas não comenta suas declarações; antes, fala no estilo lacônico dos oráculos. Portanto, se a mãe natureza expõe, com tamanho descuido, seus filhos a milhares de perigos ameaçadores, sem nenhuma proteção, a razão só pode ser a de que ela sabe que, se eles caírem, voltarão a seu seio, onde são amparados; por isso, sua queda é apenas uma farsa. Com o homem ela não procede de modo diferente do que com os animais. Portanto, sua declaração também se estende a ele: a vida ou a morte do indivíduo lhe é indiferente. Por conseguinte, em certo sentido, também deveria ser indiferente para nós, pois nós próprios somos a natureza. Por certo, se nosso olhar tivesse a profundidade suficiente, concordaríamos com a natureza e também veríamos a morte ou a vida com tanta indiferença quanto ela. Entretanto, por meio da reflexão, temos de interpretar a despreocupação e a indiferença da natureza em relação à vida dos indivíduos como prova de que, quando um fenômeno desse tipo é destruído, sua verdadeira e autêntica essência não é minimamente afetada.

Sustento que uma convicção imediata e intuitiva, tal como a que tentei circunscrever aqui com palavras, irá impor-se a todos ou, melhor dizendo, apenas àqueles, cujo espírito não seja da espécie particularmente comum, suscetível de conhecer apenas o singular como tal e que, portanto, limita-se estritamente ao conhecimento dos indivíduos à maneira do intelecto animal. Por outro lado, aquele que, em virtude de uma capacidade apenas um pouco mais desenvolvida, começar a perceber nos seres singulares aquilo que eles têm de universal, bem como suas ideias, também participará, em certo grau, dessa convicção, entendendo-a como imediata e, por isso, certa. Na realidade, apenas as pequenas mentes limitadas temem seriamente a morte como seu aniquilamento, enquanto os espíritos de fato privilegiados estão inteiramente distantes de sentir semelhantes temores. [...]

Prossigamos, entretanto, com nossa observação objetiva e imparcial da natureza. – Quando mato um animal, seja ele um cão, um pássaro, uma rã, seja simplesmente um inseto, é realmente impensável que esse ser ou, antes, a força primordial, em virtude da qual um fenômeno tão admirável, ainda no instante anterior, se apresentava em sua plena energia e vontade-de-viver, tenha sido reduzido a nada por meu comportamento cruel ou leviano. – E, por outro lado, é igualmente inadmissível que os milhões de animais de todas as espécies, que a todo momento, em variedade infinita, passam a existir cheios de força e diligência, nunca tenham existido antes do ato de sua criação e tenham chegado a um começo absoluto a partir do nada. – Ainda dessa perspectiva, se vejo um desses seres furtar-se a meu olhar sem que eu saiba para onde vai, e outro aparecer sem que eu saiba de onde vem; se, além disso, ambos tiverem a mesma forma, a mesma essência, o mesmo caráter, mas diferirem apenas quanto à matéria, que, no entanto, continuarão a descartar e a renovar também no curso de sua existência, então a hipótese segundo a qual aquilo que desaparece e aquilo que aparece em seu lugar são o mesmo ser, que apenas sofreu uma pequena alteração, uma renovação da forma de sua existência, e segundo a qual o sono é para o indivíduo o que é a morte para a espécie; – digo que essa hipótese é tão evidente que é impossível não adotá-la, a menos que a mente, deformada em tenra juventude por falsos princípios que lhe foram inculcados, dela não se afastar com um temor supersticioso. Porém, a suposição contrária de que o nascimento de um animal seria um surgimento a partir do nada e, em correspondência, sua morte equivaleria a seu absoluto aniquilamento, acrescentando-se ainda que o homem, também vindo do nada, teria, porém, uma perduração individual, infinita e até consciente, enquanto o cão, o macaco e o elefante seriam aniquilados pela morte – eis uma hipótese que o bom senso só pode achar revoltante e declarar como absurda. [...]

Quando, então, após essas considerações, voltamo-nos a nós mesmos e à nossa espécie para lançarmos nosso olhar bem adiante no futuro, tentando imaginar as futuras gerações, com seus milhões de indivíduos, na estranha configuração de seus costumes e vestes, e depois nos interrompemos com as seguintes perguntas: de onde virão todos eles? Onde estão agora? – Onde se encontra o rico ventre do nada que carrega o mundo, que ainda esconde as gerações futuras? – Talvez a verdadeira resposta, que daríamos sorrindo, fosse: onde mais deveriam estar, senão apenas onde o real sempre esteve e sempre estará, no presente e em seu conteúdo, ou seja, em ti, que, obnubilado, fazes essas interrogações e, desconhecendo sua própria essência, iguala-te à folha na árvore, que, murcha no outono e na iminência de cair, se lamenta de seu declínio e se recusa a encontrar consolo na visão do verde fresco, que na primavera revestirá a árvore, para entoar seu lamento: "Esta não sou eu! Estas são folhas totalmente diferentes!" – Oh, folha insensata! Aonde pretendias ir? E de onde viriam as outras folhas? Onde está o nada cujo abismo temes? – Conhece tua própria essência, aquilo que tem tanta sede de existir, reconhece-a na força interna e secreta que faz a árvore crescer, força essa que, sendo sempre a mesma em todas as gerações de folhas, não é tocada pelo nascimento nem pela morte. E, então, *hoie per phyllon genee, toiede kai andrôn* [tal como as folhas na árvore, assim são as gerações dos homens, Homero: *Ilíada*, VI, 146]. [...]

A planta e o inseto morrem no final do verão; o animal e o homem, após poucos anos: a morte ceifa sem descanso. A despeito disso, porém, como se não fosse absolutamente assim que acontecesse, tudo está sempre presente e no mesmo lugar, exatamente como se tudo fosse imortal. A todo instante, a planta verdeja e floresce, o inseto zumbe, o animal e o homem se apresentam em inquebrantável juventude, e todo verão voltamos a ter as cerejas já mil vezes saboreadas. Os povos também estão presentes como indivíduos imortais, ainda que, vez por outra, mudem de nome: até mesmo suas ações, seus feitos e suas dores são as mesmas em todas as épocas, embora a história sempre pretenda contar algo diferente, pois ela é como o caleidoscópio, que a cada giro mostra uma nova configuração, enquanto, na verdade, temos sempre o mesmo diante dos olhos. Portanto, nada se impõe de maneira mais irresistível do que o pensamento segundo o qual esse nascimento e essa morte não se referem à verdadeira essência das coisas, e que essa essência, por não ser alterada por eles, é imperecível; eis por que tudo e todos que queiram existir existem de fato, continuamente e sem fim. [...]

Da indestrutibilidade de nossa verdadeira essência pela morte teremos falsos conceitos enquanto não nos decidirmos a estudá-los, primeiramente, nos animais e dela arrogarmos um tipo particular somente a nós, sob o presunçoso nome de imortalidade. Todavia, é unicamente em razão dessa pretensão e da opinião limitada da qual ela deriva que a maioria dos homens é tão refratária a reconhecer a verdade evidente de que, na essência e na substância, somos iguais aos animais; tanto que, à menor alusão ao nosso parentesco com os animais, essa maioria recua de medo. No entanto, essa renegação da verdade é o que, mais do que qualquer outra coisa, obstrui seu caminho rumo ao verdadeiro conhecimento da indestrutibilidade de nossa essência. Pois, se buscamos alguma coisa por um caminho errado é porque saímos do correto e, ao final, nunca alcançaremos no primeiro nada além de uma decepção tardia. Portanto, mãos à obra! Busquemos a verdade não segundo excentricidades preconcebidas, e sim deixando-nos guiar pela natureza! [...]

A morte é, então, o fim temporal do fenômeno temporal: mas tão logo eliminamos o tempo, já não há fim, e essa palavra perde todo significado. Neste momento em que sigo um caminho objetivo, esforço-me para provar o lado positivo da questão, a saber, de que a coisa em si permanece intocada pelo tempo e por aquilo que só é possível graças ao tempo, ou seja, o nascimento e o perecimento, e de que os fenômenos temporais não poderiam ter nem mesmo aquela existência incansavelmente fugaz, próxima do nada, se neles não houvesse um cerne de eternidade. [...]

A profunda convicção em nossa inextinguibilidade pela morte, que todo o mundo carrega no fundo do coração, conforme também demonstram as inevitáveis inquietações da consciência à medida que a morte se aproxima, depende inteiramente da consciência de nossa natureza originária e eterna; por isso, Espinosa a exprime da seguinte forma: *Sentimus, experimurque, nos aeternos esse* [Sentimos e experimentamos que somos eternos]. Pois um homem sensato só pode considerar-se imortal na medida em que também se considera sem início, eterno e, no fundo, atemporal. Por outro lado, quem considera que surgiu do nada também deve pensar que ao nada voltará: pois sustentar que uma eternidade passou antes de existirmos, mas que depois outra eternidade se iniciará e, ao longo dela, nunca deixaremos de existir é uma ideia monstruosa. O fundamento mais sólido de nossa imortalidade é, de fato, a antiga máxima: *Ex nihilo fit, et in nihilum nihil potest reverti* [Nada provém do nada, e nada pode voltar a ser nada]. [...]

Portanto, se considerações dessa espécie são adequadas para despertar a convicção de que em nós há algo que a morte não pode destruir, isso só ocorre mediante a elevação a um ponto de vista, a partir do qual o nascimento não é o início de nossa existência. Nesse caso, conclui-se que aquilo que é demonstrado como indestrutível pela morte não é propriamente o indivíduo, que, além do mais, tendo sido gerado e trazendo em si as características do pai e da mãe, apresenta-se como uma mera diferença da espécie e, como tal, só pode ser finito. Por conseguinte, assim como o indivíduo não tem nenhuma lembrança de sua existência antes de seu nascimento, não poderá se lembrar de sua existência atual após a morte. Contudo, é na consciência que cada um de nós coloca seu Eu: por isso, este lhe aparece como estando ligado à individualidade, com a qual, de todo modo, tudo aquilo que lhe é próprio como indivíduo e o distingue dos outros acaba desaparecendo. Eis por que ele não consegue distinguir sua própria perduração sem a individualidade da subsistência dos outros seres e vê seu Eu naufragar. No entanto, quem vincula dessa forma sua existência à identidade da consciência e, por essa razão, exige para ela uma perduração infinita após a morte deveria considerar que, em todo caso, só conseguirá obter tal perduração ao preço de um passado igualmente infinito antes do nascimento. Pois, uma vez que esse indivíduo não tem nenhuma lembrança de uma existência antes do nascimento e que, portanto, sua consciência começa depois que ele nasce, essa lembrança deve valer-lhe como se sua existência viesse do nada. Ele compra, então, o tempo infinito de sua existência após a morte ao preço de um tempo igualmente longo antes do nascimento: desse modo, a conta não deixa resto nem lucro para ele. Em contrapartida, se a existência, intocada pela morte, for diferente daquela da consciência individual, então ela também terá de ser independente do nascimento, tal como o é da morte, e, por conseguinte, em relação a ela é igualmente verdadeiro dizer: "sempre existirei" e "sempre existi", expressões que, todavia, dão duas eternidades em vez de uma. [...]

Entretanto, depois que a morte põe fim a uma consciência individual, seria mesmo desejável reacender essa consciência para fazê-la perdurar no infinito? Em grande parte e, muitas vezes, na totalidade, seu conteúdo não passa de um fluxo de pensamentos mesquinhos, terrenos e pobres e de preocupações sem fim: que se aquietem, de uma vez por todas! – Portanto, os antigos tinham razão ao mandar inscrever em seus túmulos: *securitati perpetuae* [paz eterna] ou *bonae quieti* [descansa em paz]. Mas mesmo que aqui, como acontece com tanta frequência, se reclamasse a sobrevivência da consciência individual, a fim de vincular a ela uma recompensa ou punição no além, no fundo, o único objetivo em vista seria conciliar a virtude e o egoísmo. Todavia, ambos nunca se abraçarão: eles são completamente opostos. Em contrapartida, é bem fundamentada a convicção imediata, evocada ao se contemplarem ações nobres, de que o espírito do amor, que faz com que um homem poupe seus inimigos e outro, mesmo correndo risco de vida, cuide de alguém nunca antes visto, nunca pode volatilizar-se nem transformar-se em nada. [...]

Como fenômeno no tempo, o conceito de cessação por certo é aplicável ao homem, e o conhecimento empírico apresenta abertamente a morte como o fim dessa existência temporal. O fim da pessoa é tão real quanto o era seu início, e justamente no sentido de que, assim como não existíamos antes do nascimento, já não existiremos após a morte. Contudo, a morte não pode suprimir mais do que o nascimento estabeleceu; ou seja, ela não pode suprimir aquilo que desde o princípio tornou possível o nascimento. Nesse sentido, *natus et denatus* [nascido e desnascido] é uma bela expressão. Entretanto, o conhecimento empírico como um todo apresenta apenas fenômenos: por isso, apenas estes são afetados pelos processos temporais do nascimento e do perecimento, mas não pelo que se fenomenaliza, a essência em si. Para esta não existe absolutamente a oposição, condicionada pelo cérebro, entre nascimento e perecimento, pois aqui ela perdeu seu sentido e seu significado. Portanto, essa essência não é contestada pelo fim temporal de um fenômeno temporal e sempre conserva aquela existência, à qual os conceitos de início, fim e perduração não são aplicáveis. Todavia, até onde conseguimos segui-la, essa essência, em todo ser que se fenomenaliza, é a vontade deste, e o mesmo acontece no homem. Por outro lado, a consciência consiste no conhecimento; mas este, como atividade do cérebro e, portanto, como função do organismo, pertence, conforme suficientemente comprovado, ao mero fenômeno e, por isso, termina com ele: apenas a vontade, cuja obra ou, antes, cuja imagem era o corpo, é o que não pode ser destruído. Por essa razão, a rigorosa distinção entre vontade e conhecimento, que, além do primado da primeira, constitui o caráter fundamental de minha filosofia, é a única chave para resolver essa contradição, que se manifesta de variadas maneiras e sempre ressurge até na consciência mais rudimentar, de que a morte é nosso fim, e, no entanto, temos o dever de ser eternos e indestrutíveis, ou seja, o *sentimus, experimurque, nos aeternos esse* [sentimos e experimentamos que somos eternos] de Espinosa. Todos os filósofos se enganaram ao estabelecerem o caráter metafísico, indestrutível e eterno do homem no intelecto: ele repousa exclusivamente na vontade, que é totalmente diferente do intelecto e, por si só, originária. [...]

No início deste capítulo, expliquei que o grande apego à vida, ou, antes, o medo da morte, não provém absolutamente do conhecimento; nesse caso, ele seria resultado do reconhecido valor da vida. Ao contrário, esse medo da morte tem suas raízes diretamente na vontade e procede de sua essência originária, na qual a vontade não dispõe de nenhum conhecimento e, por isso, é uma vontade-de-viver cega. Assim como somos atraídos para a vida pela pulsão totalmente ilusória à voluptuosidade, nela somos mantidos pelo medo igualmente ilusório da morte. Ambos derivam diretamente da vontade, que, em si, não tem conhecimento. Se, ao contrário, o homem fosse um ser meramente cognoscente, então a morte não apenas teria de ser indiferente para ele, como também até mesmo bem-vinda. Neste momento, a observação a que chegamos aqui ensina que aquilo que é afetado pela morte é apenas a consciência cognoscente, enquanto a vontade, na medida em que é a coisa em si, que está na base de todo fenômeno individual, está livre de toda condição determinada pelo tempo e, portanto, também é imortal. [...]

A partir disso, conclui-se que a única coisa em nós capaz de temer a morte e que, de fato, é a única que a teme é a vontade, que pela morte não é atingida. Por outro lado, conclui-se também que o que é atingido pela morte e realmente perece é aquilo que, segundo sua natureza, não é suscetível de nenhum temor nem, de modo geral, de nenhum querer ou afeto e, por isso, é indiferente quanto ao ser e ao não ser, ou seja, ao mero sujeito do conhecimento, o intelecto, cuja existência consiste em sua relação com o mundo da representação, isto é, com o mundo objetivo, do qual ele é correlato [complementação] e à cuja existência, no fundo, a sua própria é idêntica. Portanto, embora a consciência individual não sobreviva à morte, a ela sobrevive àquele único elemento que se opõe à morte: a vontade. A partir disso também se explica a contradição de que os filósofos, do ponto de vista do conhecimento, sempre usaram de razões pertinentes para provar que a morte não é um mal; contudo, o medo da morte permanece inacessível a tudo isso, pois ele se enraíza não no conhecimento, e sim apenas na vontade. Justamente pelo fato de que somente a vontade, mas não o intelecto, é indestrutível, também ocorre que todas as religiões e filosofias conferem unicamente às virtudes da vontade ou do coração, e não às virtudes do intelecto ou da cabeça, uma recompensa na eternidade. [...]

Quando, então, um indivíduo sente medo da morte, tem-se, na verdade, o estranho e até risível espetáculo de que o senhor dos mundos, que tudo preenche com sua essência e que é o único a permitir que tudo o que é exista, esmorece e teme perecer, afundar no abismo do eterno nada; – enquanto, na verdade, tudo está repleto dele e não há lugar em que ele não esteja, não há ser em que ele não viva; pois não é a existência que o carrega, e sim o contrário. Não obstante, ele é aquilo que esmorece no indivíduo que sofre o medo da morte, na medida em que está sujeito à ilusão, produzida pelo *principium individuationis* [princípio de individuação], de que sua existência estaria limitada ao ser que agora morre: essa ilusão pertence ao difícil sonho ao qual ele sucumbiu como vontade-de-viver. Porém, poder-se-ia dizer ao moribundo: "Deixas de ser algo que terias feito melhor nunca te tornares."

Enquanto não se negar essa vontade, aquilo que a morte deixa de nós é o embrião e o cerne de uma existência totalmente diferente, na qual um novo indivíduo volta a se encontrar, tão fresco e originário que medita admirado sobre si mesmo. Eis a razão para a propensão entusiástica e sonhadora que jovens de caráter nobre manifestam, na época em que essa fresca consciência atinge seu completo desenvolvimento. O que para o indivíduo é o sono, a morte é para a vontade como coisa em si. A vontade não suportaria prosseguir infinitamente com as próprias ações e com os próprios sofrimentos sem um verdadeiro ganho se lhe restassem a lembrança e a individualidade. Ela se livra delas – este é o Lete – e, revigorada por esse sono da morte e provida de outro intelecto, ressurge como um novo ser: "Um novo dia nasce ao longe em margens desconhecidas!" – [...]

Porém, com efeito, quando consideramos, com um olhar puramente objetivo e em momentos favoráveis, a conduta dos homens na realidade, impõe-se-nos a convicção intuitiva não apenas de que, segundo as ideias (platônicas), as coisas são e permanecem sempre as mesmas, mas também de que a geração atual, de acordo com seu verdadeiro cerne, chega a ser substancialmente idêntica a todas aquelas que a precederam. Resta saber em que consiste esse cerne: a resposta oferecida por minha doutrina é conhecida. Pode-se pensar a mencionada convicção intuitiva como surgida do fato de que as lentes duplicadoras que são o tempo e o espaço sofrem uma interrupção momentânea de sua eficácia. [...]

A morte é a grande admoestação que o curso da natureza inflige à vontade-de-viver e, mais especificamente, ao egoísmo que lhe é essencial; e ela pode ser entendida como uma punição por nossa existência. É a forma mais dolorosa de desatar o nó dado com volúpia pela procriação; irrompendo de fora, destrói com violência o erro fundamental de nosso ser: é a grande decepção. No fundo, somos algo que não deveria existir: por isso, cessamos de existir. – Na verdade, o egoísmo consiste no fato de que o homem limita toda realidade à sua própria pessoa, imaginando que exista apenas nela, e não nas outras. A morte lhe mostra que ele está enganado, na medida em que suprime essa pessoa, de maneira que a essência do homem, que é sua vontade, doravante continuará a existir somente em outros indivíduos. [...]

Além de tudo isso, a morte é a grande ocasião para se deixar de ser Eu: feliz daquele que a aproveita. [...]

A morte é o momento dessa libertação da estreiteza de uma individualidade que deve ser considerada não o cerne mais íntimo de nosso ser, e sim uma espécie de aberração desse ser: a liberdade verdadeira e primordial volta a aparecer nesse momento, que, no sentido indicado, pode ser visto como uma *restitutio in integrum* [restituição ao estado anterior]. Esta parece ser a origem da paz e da tranquilidade no semblante da maioria dos mortos. Em regra, tranquila e branda é a morte do homem bom; mas a morte obediente, de bom grado e com satisfação é privilégio do resignado, daquele que renuncia à vontade-de-viver e a nega. Pois apenas ele quer de fato, e não apenas aparentemente, morrer; por conseguinte, não necessita da perduração de sua pessoa nem a exige. Renuncia voluntariamente à existência que conhecemos: aos nossos olhos, em vez dela, nada lhe acontece; pois, em relação ao que lhe ocorre, nossa existência nada é. É o que a crença budista chama de nirvana, ou seja, o que se extinguiu.

Sobre a doutrina da indestrutibilidade de nossa verdadeira essência pela morte[1]

Se, nas relações cotidianas, somos interrogados por uma das muitas pessoas que tudo desejam saber, mas nada querem aprender, a respeito da perduração após a morte, a resposta mais adequada e, a princípio, mais correta é: "Após a morte, serás o que foste antes de nascer."[2] Pois ela implica o absurdo que é pretender que o tipo de existência que tem um início não deva ter um fim; porém, além disso, ela contém a alusão ao fato de que poderia haver dois tipos de existência e, por conseguinte, dois tipos de nada. – Contudo, do mesmo modo, também se poderia responder: "Independentemente do que fores após a morte – e ainda que nada sejas –, a existência que terás te será tão natural e adequada quanto a existência individual e orgânica que tens agora: ou seja, quando muito, terias o momento da passagem a temer.

---

1. D, 5, pp. 292-307.

2. *Georg Christoph Lichtenberg's Vermischte Schriften*, Neue Original--Ausgabe, Göttingen, 1867, primeiro volume, p. 64: "Nisso incluo a teoria da imortalidade da alma. 'Após nossa vida, seremos como éramos antes dela' – essa é uma concepção instintiva que se antecipa a todo argumento."

Aliás, uma vez que de uma ponderação madura da questão resulta o fato de que a uma existência como a nossa seria preferível o completo não ser, é razoável considerar que a ideia da cessação de nossa existência ou de um tempo em que já não existiríamos pode perturbar-nos tão pouco quanto a ideia de que nunca existimos. Como essa existência é essencialmente pessoal, o fim da personalidade tampouco deve ser visto como uma perda." [...]

Nenhum indivíduo é apropriado a continuar sua existência para sempre: ele desaparece na morte. Contudo, nada perdemos com ela. Pois a existência individual tem em sua base outra existência, que é totalmente diferente da primeira e constitui sua manifestação. Essa outra existência não conhece tempo, portanto, tampouco perduração e declínio.

Se imaginarmos um ser que tudo conheça, entenda e perceba, provavelmente a pergunta sobre nossa perduração após a morte não faria nenhum sentido para ele, pois, além da existência temporal e individual que temos agora, a perduração e a cessação já não teriam nenhum significado e seriam conceitos indistintos; desse modo, à nossa verdadeira essência ou à coisa em si que se apresenta em nosso fenômeno não são aplicáveis o conceito do desaparecimento nem aquele da perduração, uma vez que são tomados do tempo, que é simplesmente a forma do fenômeno. – Entretanto, só podemos imaginar a indestrutibilidade daquele cerne de nosso fenômeno como uma perduração dele próprio e, na verdade, segundo o esquema da matéria, como uma perduração que persiste no tempo sob todas as alterações das formas. [...]

Na verdade, porém, o constante nascimento de novos seres e o aniquilamento dos já existentes devem ser vistos como uma ilusão, produzida pelo aparelho de duas lentes polidas (funções cerebrais), que são as únicas a nos permitir enxergar alguma coisa: chamam-se espaço e tempo, e sua interpenetração, causalidade. Com efeito, tudo o que percebemos sob essas condições é mero fenômeno; contudo, não conhecemos as coisas tais como devem ser em si, ou seja, independentemente de nossa percepção. [...]

Aquela existência que permanece alheia à *morte* do indivíduo não tem tempo nem espaço como forma; no entanto, tudo o que é real para nós aparece nessas formas: eis por que a morte se nos apresenta como aniquilamento. [Senilia, p. 142,4]

Todo o mundo sente que é algo diferente de um ser outrora criado por outrem a partir do nada. Isso lhe gera a confiança de que a morte pode muito bem pôr um fim em sua vida, mas não em sua existência. [...]

Ao se assistir à *morte* de um ser humano ou de um animal, como se pode presumir que esta é a transformação de uma coisa em si *em nada*? Antes, é do conhecimento imediato e intuitivo de todo ser humano que um fenômeno encontra seu fim no tempo, forma de todos os fenômenos, sem que seja contestada a coisa em si; por essa razão, em todas as épocas o homem se esforçou para exprimir esse fato nas formas e nas expressões mais variadas, que, no entanto, em sua totalidade e em seu verdadeiro sentido, por serem tiradas do fenômeno, a ele apenas se referem. [Senilia, p. 19,1] [...]

Por certo, em consequência disso tudo, a vida pode ser vista como um sonho, e a morte, como o despertar. Mas então a personalidade, o indivíduo, pertence à consciência que sonha, e não à que está em vigília; eis por que a morte se apresenta a ela como aniquilamento. Em todo caso, a partir desse ponto de vista, a morte não deve ser considerada a passagem para um estado totalmente novo e estranho, mas, antes, apenas o retorno ao estado que nos é próprio desde a origem e do qual a vida foi somente um breve episódio.

Entretanto, se um filósofo, por exemplo, presumisse que na morte encontraria um consolo destinado apenas a ele, em todo caso, uma diversão [distração, divertimento], de modo que se resolvesse então um problema que o ocupou com tanta frequência, provavelmente ele se sentiria como alguém que tem o candeeiro apagado bem no momento em que está para encontrar o que procura.

Pois, na morte, certamente a consciência perece; por outro lado, de modo algum perece aquilo que, até então, a produziu. [...]

De resto, talvez cada um, em seu mais profundo íntimo, vez por outra perceba conscientemente que, na verdade, para ele seria mais adequado e conveniente um tipo de existência totalmente diferente desta, que é tão inefavelmente pobre, temporal, individual e oprimida por tantas misérias; o que o leva a pensar que a morte poderia reconduzi-lo a ela.

Se agora, em oposição a essa consideração voltada para dentro, voltarmos a olhar para fora e compreendermos de maneira totalmente objetiva o mundo que se nos apresenta, a morte por certo nos parecerá uma passagem para o nada; em compensação, o nascimento também parecerá ter vindo do nada. Todavia, tanto uma perspectiva quanto a outra não são necessariamente verdadeiras, uma vez que têm apenas a realidade do fenômeno. De resto, o fato de que, de algum modo, deveríamos sobreviver à morte não é milagre maior do que aquele da procriação, que diariamente se dá diante de nossos olhos. O que morre vai para o mesmo lugar onde toda vida tem origem, inclusive a sua. [...] A partir desse ponto de vista, nossa vida deveria ser considerada um empréstimo recebido da morte; o sono seria, então, o juro diário desse empréstimo. A morte se manifesta abertamente como o fim do indivíduo; porém, nesse indivíduo encontra-se o germe de um novo ser. Por conseguinte, de tudo o que morre, nada morre para sempre; mas também nada do que nasce recebe uma existência totalmente nova. O moribundo desaparece, mas um germe permanece, e dele surge um novo ser, que agora entra na existência sem saber de onde vem nem por que é justamente como é. [...]

No entanto, devido à procriação e à morte, bem como à evidente composição dos indivíduos em vontade e intelecto e à sua ulterior dissolução, por mais que o elemento físico possa predominar de modo singular e preocupante, o elemento metafísico que constitui sua base tem uma essência tão heterogênea que não pode ser contestado, e podemos ficar consolados.

Por conseguinte, todo homem pode ser considerado a partir de dois pontos de vista opostos: em um, ele é o indivíduo que tem um início e um fim no tempo e que passa de maneira fugaz, *skias onar* [o sonho de uma sombra é o homem], além de ser marcado por graves erros e dores; em outro, ele é o ser primordial indestrutível, que se objetiva em todo existente e, como tal, pode dizer, como a imagem de Ísis a Sais: *egò eimi pan tò gegonos, kaì on, kaì esomenon* [sou tudo o que foi, é e será]. – Certamente, esse ser poderia fazer algo melhor do que se apresentar em um mundo como este. Pois este é o mundo da finitude, do sofrimento e da morte. O que está dentro dele e vem dele tem de terminar e morrer. Porém, o que não é nem quer ser deste mundo atravessa-o com onipotência, fazendo-o estremecer, como um raio que explode para cima e não conhece tempo nem morte. – Unificar todos esses contrastes é o verdadeiro tema da filosofia.

ANTOLOGIA

Morte e filosofia

Perguntar sobre o início e o fim do mundo, sobre o estado antes e depois da morte etc., querer saber em que consiste quase todo o filosofar antes de Kant e a que nos impele a mera razão: – isso é querer conhecer o início contraditório, a coisa em si segundo as leis do fenômeno: a distinção e o conhecimento de ambos é a verdadeira filosofia.

Todos os mitos sobre o estado após a morte, sobre recompensa e punição, bem como todas as religiões são tentativas de construir a coisa em si segundo as leis do fenômeno: de acordo com esse tipo de construção, o mundo seria um fruto, cuja espessa casca constituiria toda a sua massa, sem carne nem caroço. Por melhor que seja a intenção desses mitos e até por mais adequados e proveitosos que eles se mostrem, para os filósofos eles são o que as divindades chinesas seriam para Fídias. E a verdade também tem seus direitos[1].

---

1. HN I, p. 423.

Por outro lado, o espanto filosófico que resulta dessa disposição é condicionado por um desenvolvimento superior da inteligência no indivíduo, ainda que, de modo geral, esta não seja a única condição; ao contrário, sem dúvida são o conhecimento da morte e, além dele, a observação do sofrimento e da miséria da vida que conferem o estímulo mais forte para a reflexão filosófica e para as interpretações metafísicas do mundo[2].

Ao mal também pertence a morte: no entanto, a maldade consiste apenas em descarregar em outrem o mal da vez. Portanto, conforme dito anteriormente, a maldade, o mal e a morte são o que qualifica e eleva o espanto filosófico: não apenas o fato de o mundo existir, e sim, mais ainda, o fato de ele ser tão triste é que constitui o *punctum pruriens* [o ponto pruriginoso, o problema incômodo] da metafísica, o problema que coloca a humanidade em uma inquietação que não se deixa tranquilizar pelo ceticismo nem pelo criticismo[3].

Somente depois de elevar-se, com vigor e disposição, através dos dois reinos dos seres desprovidos de consciência e depois através da longa e ampla série de animais, é que a essência interna da natureza (a vontade-de-viver em sua objetivação) finalmente alcança, pela primeira vez, com o advento da razão e, portanto, no homem, a reflexão: então ela se espanta com sua própria obra e se

---

2. D, 2, pp. 176-7.
3. D, 2, p. 190.

pergunta o que ela própria é. Seu espanto é ainda mais sério quando, pela primeira vez, ela se encontra conscientemente diante da morte e, além da finitude de toda existência, a ela se impõe, com maior ou menor intensidade, a inutilidade de toda aspiração. Com essa reflexão e esse espanto surge, então, a necessidade de uma metafísica própria apenas ao homem[4].

O animal só passa a conhecer a morte na própria morte: o homem se aproxima conscientemente de sua morte a cada hora, e, às vezes, essa consciência faz ponderar com preocupação até mesmo aquele que ainda não reconheceu esse aniquilamento contínuo como um caráter inerente à vida inteira. É principalmente por essa razão que o homem tem filosofias e religiões. Não se sabe, porém, se aquilo que, com razão, estimamos acima de tudo na conduta humana, a saber, a retidão espontânea e a nobreza de caráter, seria fruto de uma das duas. Em contrapartida, os únicos resultados certos, pertencentes apenas às filosofias e às religiões, bem como as produções da razão a esse respeito são as opiniões mais singulares e extraordinárias dos filósofos de diferentes escolas, e os usos mais estranhos e, de vez em quando, também cruéis dos sacerdotes de diferentes religiões[5].

O fato de que, em breve, os vermes roerão meu corpo é um pensamento que consigo suportar – mas aque-

---

4. D, 2, pp. 175-6.
5. D, 1, p. 44; cf. também D, 9, p. 241.

le de que os professores de filosofia irão carcomer minha filosofia! – me dá calafrios[6].

Consciência

A morte e o nascimento são a constante renovação da consciência da vontade que, em si, não tem fim nem início e que, sozinha, constitui, por assim dizer, a substância da existência (contudo, toda renovação desse tipo comporta uma nova possibilidade da negação da vontade-de-viver). A consciência é a vida do sujeito do conhecimento ou do cérebro, e a morte, seu fim. Eis por que a consciência é finita, sempre nova e sempre recomeça desde o início. Apenas a vontade persiste; porém, somente a ela interessa persistir, pois ela é a vontade-de-viver[7].

Portanto, é bem verdade que, com a morte, se perde a consciência, mas não se perde aquilo que a produziu e a conservou: a vida se extingue, mas com ela não se extingue o princípio da vida que nela se manifestava[8].

Uma vez que na morte a consciência cognoscente extingue-se de maneira evidente, eles [os filósofos] têm de aceitá-la como aniquilamento do homem, uma tese contra a qual nosso íntimo se insurge; ou então têm de recorrer à hipótese de uma perduração da consciência

---

6. Senilia, p. 148, 6.
7. D, 2, p. 571.
8. D, 2, p. 566.

cognoscente, que requer uma fé sólida, uma vez que a experiência deu a cada um de nós provas suficientes da dependência total e absoluta da consciência cognoscente em relação ao cérebro e de que é tão fácil conseguir acreditar em uma digestão sem estômago quanto em uma consciência cognoscente sem cérebro[9].

A fonte de toda bem-aventurança verdadeira, de todo consolo seguro, construído não sobre areia movediça, e sim em terra firme, (a melhor consciência), é para a nossa consciência empírica o completo desaparecimento, a morte e o aniquilamento: não é de admirar que dessa fonte não consigamos extrair nenhum consolo enquanto estivermos no ponto de vista da consciência empírica; que de tal fonte não consigamos trazer nenhum consolo para essa consciência (tão pouco quanto conseguimos levar para o inverno uma hora do verão, ou conservar um floco de neve em um quarto quente, ou trazer um fragmento de um belo sonho para a realidade, ou tão pouco quanto as notas de uma música deixam algum rastro, quando ela para de tocar); ao contrário, é de admirar que aquela melhor consciência nos abandone na terra dura da consciência empírica e se afaste de nós (tal como o sacerdote abandona aquele que está para ser executado no cadafalso). Por essa razão, para ser fiel àquela melhor consciência, temos de renunciar a esta, empírica, e nos libertar dela[10].

9. D, 2, p. 223.
10. HN I, p. 79.

Por isso, a espécie é a objetivação mais direta da coisa em si, isto é, da vontade-de-viver. Nesse sentido, a essência mais íntima do animal, bem como do homem, reside na espécie: portanto, é nela, e não propriamente no indivíduo, que se enraíza a vontade-de-viver, que atua de maneira tão intensa. Por outro lado, apenas no indivíduo se encontra a consciência imediata: eis por que ele se julga diferente da espécie e, por conta dessa diferença, teme a morte[11].

Uma vez que a essência em si do homem, como todo fenômeno, é a vontade, e o intelecto, ao contrário, é algo que apenas se acrescentou, como se tivesse sobrevindo de fora e passasse a fazer parte do fenômeno, é bastante compreensível que a essência em si do homem permaneça totalmente intocada pela morte, que só é possível por meio do tempo e, por conseguinte, pertence inteiramente ao fenômeno; no entanto, a consciência extingue-se com a morte, justamente porque, de modo geral, consiste na ideia de que nenhuma lembrança é possível além da vida individual[12].

Intelecto

Portanto, uma vez que a consciência não depende diretamente do fenômeno, e sim é condicionada pelo

---

11. D, 2, p. 552.
12. HN III, p. 24.

intelecto, que, por sua vez, é condicionado pelo organismo, não resta dúvida de que a consciência se extingue com a morte – como, de resto, também se extingue com o sono e qualquer desmaio[13].

A perda do *intelecto* que a *vontade* sofre com a *morte* – vontade que aqui é o cerne do fenômeno que desaparece e, como coisa em si, é indestrutível – é o *Lete* justamente dessa vontade individual, sem a qual, aliás, ela se lembraria dos muitos fenômenos dos quais já foi cerne[14].

Se, então, com a morte perdemos o intelecto, desse modo somos simplesmente colocados no estado originário, desprovido de conhecimento, que, por isso, não será um mero estado desprovido de consciência, e sim um estado superior àquela forma[15].

Por certo, seria encantador se o intelecto não se extinguisse com *a morte*: assim, levaríamos inteiramente pronto para o outro mundo o grego que aprendemos neste[16].

Diga-se de passagem, o medo da morte também pode basear-se no fato de que a vontade individual não se separa de bom grado do intelecto que lhe foi atribuído no curso da natureza, ou seja, de seu condutor e guardião, sem o qual ela se sente desamparada e cega[17].

---

13. D, 5, p. 299.
14. Senilia, p. 78,4.
15. D, 5, p. 300.
16. Senilia, p. 51,3.
17. D, 2, p. 571.

Necessidade da morte

Há que se deduzir a *necessidade da morte* primeiramente do fato de que o homem é mero fenômeno, e não coisa em si; portanto, não é um *ontōs on* [um ser realmente existente]. Pois, se o fosse, não poderia perecer. Todavia, o fato de a coisa em si, que se encontra na base de fenômenos desse tipo, só conseguir manifestar-se neles é uma consequência de sua própria natureza[18].

Com efeito, costumamos não nos afligir com os males por si sós necessários e totalmente universais, como a necessidade da velhice, da morte e de muitos incômodos diários[19].

Apenas o homem carrega consigo a certeza de sua morte em conceitos abstratos; não obstante, o que é muito estranho é que essa certeza só consegue afligi-lo em momentos isolados, quando alguma ocasião a evoca na imaginação. Pouco pode a reflexão contra a poderosa voz da natureza. Também no homem, como no animal, que não pensa, o que predomina como estado duradouro é aquela segurança que nasce da consciência mais íntima de que ele próprio é a natureza e o mundo; em virtude dessa segurança, o pensamento da morte certa e que nunca está distante não perturba sensivelmente nenhum homem; ao contrário, todos vivem como se sua vida tivesse de durar eternamente[20].

....
18. Senilia, p. 5,1.
19. D, 1, p. 372.
20. D, 1, p. 332.

Procriação

Uma vez que a compreensão, tão infinitamente importante, da indestrutibilidade de nossa verdadeira essência pela morte baseia-se inteiramente na diferença entre fenômeno e coisa em si, neste momento pretendo elucidar essa diferença da maneira mais clara possível, ilustrando-a em oposição à morte, ou seja, com base no nascimento dos seres animais, isto é, na procriação. Pois esse processo tão enigmático quanto a morte apresenta-nos do modo mais direto a oposição fundamental entre fenômeno e essência em si das coisas, isto é, entre o mundo como representação e o mundo como vontade, bem como toda a heterogeneidade das leis de ambos[21].

Certamente essa questão pode ser explicada do ponto de vista empírico: na medida em que a morte aniquilava os indivíduos, a procriação gerava outros[22].

A procriação é o contrapeso e o antagonismo da morte, é a vitória da vontade, ou seja, da essência em si e de sua forma da ideia atemporal sobre o fenômeno temporal e a matéria[23].

Essa vontade não precisa temer a morte, pois a morte é apenas algo que pertence à vida e que tem seu polo oposto na procriação: dentro desse polo se encontra a vida. Por isso, quem quer a vida também quer a morte[24].

---

21. D, 2, pp. 566-7.
22. D, 2, p. 551.
23. HN III, p. 81.
24. HN I, p. 166.

A mitologia indiana, que é a mais sábia de todas as mitologias, exprime essa ideia atribuindo justamente ao deus que simboliza a destruição e a morte o símbolo da procriação (como Brama, o deus mais pecador e vil da Trimurti, que simboliza a procriação, o nascimento, e Vishnu, que simboliza a conservação). Como eu disse, ela confere justamente a Shiva como atributo o colar de crânios e, ao mesmo tempo, o lingam [falo], símbolo da procriação, que aqui também aparece como compensação da morte, indicando que procriação e morte são correlatos essenciais, que se neutralizam e se anulam reciprocamente[25].

Por outro lado, há a excreção, a constante exalação e expulsão de matéria, o mesmo que, em potência mais elevada, é a morte, o oposto da procriação. Assim como, no primeiro caso, sempre ficamos satisfeitos por conservar a forma e não lamentamos a matéria excretada, do mesmo modo devemos nos comportar quando, na morte, ocorre em potência mais elevada e absoluta o mesmo que a cada dia e a cada hora se desenvolve no indivíduo com a excreção: assim como ficamos indiferentes à primeira, na outra não deveríamos recuar de medo[26].

A *morte* diz: és o produto de um ato que não deveria ter existido; por isso, para extingui-lo, tens de morrer[27].

Quanta distância há entre nosso início e nosso fim[28].

---

25. D, 1, pp. 324-5.
26. D, 1, pp. 326-7.
27. Senilia, p. 149,1.
28. D, 5, p. 314.

Nascimento

Contudo, para quem considera o nascimento do homem seu início absoluto, a morte deve ser seu fim absoluto. Pois ambos são o que são no mesmo sentido: por conseguinte, cada um só se pode imaginar como imortal quando também se imagina como não nascido, e no mesmo sentido. Segundo a essência e o significado, o nascimento é aquilo que a morte também é; trata-se da mesma linha, descrita em duas direções. Se aquele é um surgimento real a partir do nada, esta também é um aniquilamento real. Na verdade, porém, apenas mediante a eternidade de nossa verdadeira essência é que se pode pensar na própria imortalidade, que, portanto, não é temporal. A hipótese segundo a qual o homem é criado a partir do nada conduz necessariamente àquela segundo a qual a morte é seu fim absoluto[29].

Nascimento e morte pertencem igualmente à vida e mantêm o equilíbrio como condições recíprocas, uma em relação à outra, ou, se preferirmos a expressão, como polos do fenômeno da vida como um todo[30].

Sem dúvida, vemos o indivíduo nascer e perecer, mas o indivíduo é apenas fenômeno, só existe para o conhecimento enredado no princípio de razão, no *principio individuationis* [tempo e espaço]: de acordo com esse conhecimento, o indivíduo certamente recebe sua vida

---

29. D, 2, pp. 555-6.
30. D, 1, p. 324.

como uma dádiva, é gerado a partir do nada e, depois, com a morte, sofre a perda dessa dádiva e volta para o nada[31].

Contudo, essa teoria absurda torna-se necessária por outra hipótese, que, de igual modo, é puramente teórica, à qual ela se encontra estreitamente ligada, e que é a de que o nascimento do homem seria o início absoluto de sua existência, na medida em que ele seria criado a partir do nada (um *terminus ad hoc*)[32].

Porém, de fato, se alguém oriundo das montanhas da Ásia me perguntasse o que é a Europa, eu deveria responder: é a parte do mundo totalmente possuída pela ilusão inaudita e inacreditável de que o nascimento do homem é seu início absoluto e de que ele surgiu do nada[33].

Por certo, contanto que paguemos periodicamente nosso tributo, nascimento e morte, continuamos a existir e a desfrutar sucessivamente de todos os sofrimentos e de todas as alegrias da vida, não podendo escapar a nenhum deles: eis o fruto da afirmação da vontade-de-viver[34].

Como a vontade-de-viver poderia suportar essa existência vazia, oca e dolorosa por um tempo infinito, se *a morte* e seu irmão, o nascimento, não *renovassem constantemente o intelecto* para toda vontade individual, fazendo com que o *Lete* fosse aquele que ao menos tira a monotonia do que não é desfrutado, permitindo que

---

31. D, 1, p. 324.
32. D, 4, p. 142.
33. D, 5, p. 400.
34. D, 2, p. 650.

aquilo que é repetido milhões de vezes sempre apareça como algo novo?[35]

Juventude e velhice

A jovialidade e a coragem de viver de nossa juventude baseiam-se, em parte, no fato de que, ao subirmos a montanha, não vemos a morte, pois ela está no sopé do outro lado. Porém, depois que ultrapassamos o cume, então avistamos realmente a morte, que até esse momento conhecíamos apenas de ouvir falar; com isso, ao mesmo tempo em que a força vital começa a baixar, a coragem de viver também diminui; de maneira que, nesse momento, uma seriedade sombria toma o lugar da presunção juvenil, imprimindo-se também no semblante[36].

A diferença fundamental entre juventude e velhice consiste sempre no fato de que a primeira tem a vida pela frente, e a segunda, a morte; portanto, a juventude tem um breve passado e um longo futuro, enquanto com a velhice se dá o contrário. A vida nos anos da velhice assemelha-se ao quinto ato de uma tragédia: sabe-se que um fim trágico está próximo, mas ainda não se sabe qual ele será. Por certo, quando se é velho, tem-se apenas a morte pela frente, ao passo que, quando se é jovem, é a vida que se tem diante de si; e podemos nos perguntar

---
35. Senilia, p. 22,4.
36. D, 4, p. 534.

qual das duas é mais preocupante e se, de modo geral, a vida não é algo que é melhor ter atrás de si do que na frente. Como já diz o Eclesiastes (7,2): "O dia da morte é melhor do que o dia do nascimento."[37]

Com a evolução natural, na velhice o perecimento do corpo vai ao encontro do perecimento da vontade. A avidez por prazeres desaparece facilmente com a capacidade de desfrutá-los. Primeiro se extingue o motivo do querer mais intenso, o foco da vontade, o impulso sexual, e o homem é colocado em um estado semelhante àquele da inocência, que existia antes do desenvolvimento do sistema genital. As ilusões, que representavam quimeras como bens altamente desejáveis, desaparecem, e em seu lugar entra o conhecimento da nulidade de todos os bens terrenos. O egoísmo é suplantado pelo amor às crianças, fazendo com que o homem já comece a viver mais no Eu alheio do que no próprio, que em breve deixará de existir. Ao menos, essa é a evolução mais desejável: é a eutanásia da vontade[38].

A morte não é o mero término da vida: em seu prenúncio, que é a velhice, a morte é a inutilização gradual de todas as partes do organismo, com sofrimento crescente, até a sua destruição completa. Porém, em seu florescimento, esse organismo é a verdadeira e pura expressão de toda a vontade desse ser vivo. Portanto, velhice e mor-

---

37. D, 4, p. 548.
38. D, 2, pp. 730-1.

te, para as quais a vida necessariamente se precipita, são a condenação executada pelas próprias mãos da natureza sobre a vontade que se manifesta na vida[39].

Por certo, a diminuição de todas as forças, sempre crescente à medida que a idade avança, é muito triste; todavia, é necessária e até benéfica, pois, do contrário, a morte, para a qual esse processo prepara, se tornaria difícil demais. Por isso, o maior ganho que se obtém ao se alcançar uma idade muito avançada é a eutanásia, ou seja, a morte extremamente fácil, não iniciada por nenhuma doença, não acompanhada por nenhuma convulsão e que não é absolutamente sentida[40].

Todavia, temerá menos do que todos ser reduzido a nada pela morte aquele que tiver reconhecido que já agora nada é e que, portanto, já não participa de fenômeno individual, uma vez que nele o conhecimento, por assim dizer, queimou e devorou a vontade, de maneira que nele já não resta nenhuma vontade, ou seja, nenhuma aspiração a uma existência individual[41].

A morte apazigua totalmente a *inveja*; a velhice já o faz pela metade[42].

---

39. HN III, pp. 533-4.
40. D, 4, p. 547.
41. D, 2, pp. 697-8.
42. Senilia, p. 61,3.

Eu e os outros

Cada um vê a própria morte como o fim do mundo, enquanto sente a de seus conhecidos como algo bastante indiferente, caso não tenha um envolvimento pessoal com ela[43].

Contudo, talvez seja possível considerar a questão de um ponto de vista superior. Em outros termos, poder-se-ia atribuir todo medo da morte à falta daquela metafísica natural e, portanto, também meramente sentida, em virtude da qual o homem traz em si a certeza de que existe em todos, ou melhor, em tudo, do mesmo modo que em sua própria pessoa, cuja morte, por conseguinte, pouco pode afetá-lo[44].

A profunda dor causada pela morte de todo ser de quem se é amigo surge a partir do sentimento de que, em todo indivíduo, existe algo inefável, próprio apenas a ele e, portanto, inteiramente irrecuperável[45].

A *vida* deve ser vista integralmente como uma *lição rigorosa* que nos é dada, embora nós, com nossas formas de pensamento voltadas a objetivos totalmente diferentes, não consigamos entender como chegamos ao ponto de precisar dela. Mas, por isso, devemos nos lembrar de nossos amigos falecidos com satisfação, considerando que superaram sua lição e desejando que ela te-

---

43. D, 1, p. 392.
44. D, 5, p. 224.
45. D, 5, p. 646.

nha sido aproveitada. A partir do mesmo ponto de vista, devemos encarar nossa própria morte como um acontecimento desejado e agradável, em vez de, como ocorre na maioria das vezes, dela sentirmos medo e pavor[46].

Conforme mencionado anteriormente, o reconhecimento de sua própria e verdadeira essência em outro indivíduo, que se apresenta de modo objetivo, evidencia-se com especial beleza e clareza nos casos em que uma pessoa, já no caminho sem volta rumo à morte, ainda pensa, com angustiada preocupação e ativa diligência, no bem-estar e na salvação de outras pessoas[47].

Pode acontecer de, mesmo após um longo período, lamentarmos *a morte* de nossos inimigos e adversários quase tanto quanto aquela de nossos amigos – este é o momento em que sentimos falta deles como testemunhas de nossos grandiosos êxitos[48].

Quem *por sua pátria* vai *ao encontro da morte* superou a fraqueza (ilusão) que limita a existência à própria pessoa: estende sua existência ao grupo humano de sua pátria (e, assim, à espécie), no qual (como na espécie) continua a viver. Ao ver a morte como o piscar de olhos, que não interrompe a visão, ele se reconhece nas gerações vindouras e sabe que, sacrificando-se por elas, age por si.

No fundo, o mesmo ocorre com todo sacrifício que se faz em benefício de outrem: amplia-se a própria existên-

---

46. Senilia, p. 93,2.
47. D, 5, p. 240.
48. Senilia, p. 67,1.

cia para a espécie – embora apenas àquela parte que, no momento, se tem diante dos olhos[49].

Sono

A suspensão das *funções animais* é o sono; a das *funções orgânicas* é a morte[50].

Todo *dia é uma pequena vida* – todo ato de despertar e levantar, um pequeno nascimento; toda fresca manhã, uma pequena juventude, e todo ato de deitar-se e adormecer, uma pequena morte[51].

Desse modo, o adormecer também é, por fim, uma morte diária, e todo despertar, um renascimento. Aliás, o incômodo e a dificuldade de levantar-se, sentidos quando se desperta totalmente, podem ser vistos como as dores do nascimento[52].

O *sono* é um fragmento da *morte*, que dela tomamos emprestado antecipadamente com o objetivo de reconstituir e renovar a vida exaurida ao longo de um dia. *Le sommeil est un emprunt fait à la mort* [o sono é um empréstimo tomado da morte]. O sono toma emprestado da morte a fim de preservar a vida. – Ou: ele é o juro provisório devido à morte, que, por sua vez, constitui o paga-

---

49. Senilia, p. 16,5.
50. Senilia, p. 143,3.
51. Senilia, p. 137,2.
52. D, 4, p. 481.

mento do capital. Este é cobrado tanto mais tarde quanto maiores forem os juros e quanto mais regularmente forem pagos[53].

A morte é para ela [a espécie] o que o sono é para o indivíduo, ou o que para o olho é o piscar, cuja ausência permite reconhecer os deuses indianos quando aparecem sob forma humana. Assim como o mundo desaparece com a chegada da noite, sem, no entanto, deixar de existir em nenhum momento, aparentemente o homem e o animal perecem com a morte, mas sua verdadeira essência continua a existir de maneira imperturbada[54].

Enquanto o sono profundo dura, ele não é absolutamente diferente da morte, para a qual muitas vezes ele passa de modo contínuo, por exemplo, em casos de congelamento. Ao contrário, ele só difere dela em relação ao futuro, ou seja, no que se refere ao despertar. A morte é um sono, no qual a individualidade é esquecida: todos os outros voltam a despertar ou, antes, permanecem em vigília[55].

Pecado e dívida

Para *julgar qualquer pessoa*, o justo critério é saber que, na verdade, trata-se de um ser que não deveria ab-

---

53. Senilia, p. 51,5.
54. D, 2, p. 546; cf. HN III, pp. 636-7.
55. D, 1, p. 327.

solutamente existir, e sim expiar sua existência com várias formas de sofrimento e com a morte: – o que se pode esperar de um ser assim? Não somos todos pecadores condenados à morte? Disso também é alegoria o *pecado original*[56]. "Pelo pecado, a morte veio ao mundo", diz o cristianismo. Mas a morte é apenas a expressão exagerada, ofuscante, estridente e pesada daquilo de que o mundo está repleto. Portanto, é mais verdadeiro dizer: o mundo existe pelo pecado[57].

Com efeito, com a consciência empírica necessariamente se estabelece não apenas a pecaminosidade, mas também todos os males que resultam desse reino do engano, do acaso, da maldade e da insensatez, e, por fim, a morte: de certo modo, a morte é uma dívida contraída pela vida, tal como os outros males certamente menos determinados [...]. Por isso, a Bíblia e o cristianismo fazem, com razão, a morte vir ao mundo por meio do pecado original, bem como as fainas e a miséria da vida: (comerás o teu pão no suor do teu rosto etc.)[58].

À natureza devemos uma morte, e com angústia pensamos nessa dívida: não seria isso uma prova de que nossa existência é uma dívida, um delito, um passo em falso?[59]

---

56. Senilia, p. 129,1.
57. HN I, p. 251.
58. HN I, pp. 68-9.
No suor do teu rosto comerás o teu pão [...].
Gênesis, 3,19.
59. HN III, p. 151.

Como os filhos de pais negligentes, já chegamos endividados ao mundo, e porque temos sempre de remir essa dívida com trabalho, nossa existência é tão miserável e tem a morte como final[60].

Medo da morte

Desse modo, mesmo quando o sentimento nos deixa desamparados, a razão pode intervir e superar grande parte das impressões desfavoráveis que ele nos causa, colocando-nos em um ponto de vista mais elevado, de onde já não avistamos o indivíduo, e sim o todo. Por isso, um conhecimento filosófico da essência do mundo, que tivesse chegado ao ponto de nossa atual observação sem ir mais adiante, já teria condições de superar os terrores da morte, na medida em que, no referido indivíduo, a reflexão teria poder sobre o sentimento imediato[61].

O que tememos na morte não é de modo algum a dor, pois, por um lado, a dor se encontra claramente deste lado da morte; por outro, muitas vezes nos refugiamos na morte para fugir da dor, assim como, inversamente, vez por outra também aceitamos a dor mais terrível apenas para escapar por mais um instante da morte, que, no entanto, seria rápida e fácil[62].

---

60. HN IV (I), p. 107.
61. D, 1, p. 334.
62. D, 1, p. 334.

Entretanto, o que faz a maioria dos homens perseverar nessa luta tão penosa é menos o amor à vida do que o medo da morte, que, todavia, se encontra inexoravelmente em segundo plano e pode aparecer a qualquer momento[63].

Talvez a principal razão para estremecermos diante da morte seja o fato de ela existir como a escuridão, da qual saímos uma vez e na qual, com a morte, recairemos. Mas acredito que, quando a morte fecha nossos olhos, encontramo-nos em uma luz, da qual a luz de nosso sol é apenas a sombra[64].

Por outro lado, como poderia temer a morte aquele que se reconhece como o ser originário e eterno, fonte de toda existência, e sabe que, além dele, nada existe de fato; aquele que, com a sentença do Upanixade sagrado na boca – *hae omnes creaturae in totum ego sum, et praeter me aliud ens non est* [sou todas essas criaturas juntas, e, além de mim, não existe nenhum outro ser] –, ou melhor, no coração, termina sua existência individual? Portanto, pensando de modo coerente, apenas ele poderá morrer tranquilamente. Pois, como já dito, a asseidade [a característica de existir a partir de si mesmo] é a condição tanto da responsabilidade quanto da imortalidade[65].

---

63. D, 1, pp. 368-9.
64. H, p. 413.
65. D, 4, p. 143.

A boa morte

A morte virá e colocará um fim em mim e em meu prazer: isso me exorta a utilizar a essência temporal, o tempo. No entanto, a morte não me assusta, pois não ser não é um sofrimento, e, enquanto existo, a morte não existe, e, quando a morte existe, eu não existo: o que há a temer?[66]

No entanto, vale notar que, por um lado, os sofrimentos e tormentos da vida podem facilmente alcançar tal intensidade que a própria morte torna-se desejável, fazendo com que nos precipitemos espontaneamente para ela, embora nossa vida inteira tenha consistido em fugir dela; e, por outro lado, também é digno de nota o fato de que, tão logo a miséria e o sofrimento nos concedem um repouso, o tédio logo se aproxima, obrigando-nos a buscar um passatempo[67].

No entanto, mesmo com toda essa ilusão, os tormentos da vida podem facilmente assumir tais proporções – e, de fato, é o que acontece todos os dias – que a morte, em geral temida mais do que tudo, passa a ser cobiçada[68].

Quando estremecemos ao pensar na morte, o consolo mais seguro e, portanto, mais eficaz que podemos receber é o de que ela tem a vantagem de ser o fim da vida[69].

---

66. H, p. 132; cf. HN I, p. 38, e D, 2, p. 532.
67. D, 1, p. 369.
68. D, 1, p. 384.
69. HN III, p. 159.

Nesse caso, poder-se-ia acreditar que se trata de algo totalmente diferente de apenas abreviar em alguns anos uma existência vazia, triste e amargurada por tormentos de toda sorte e sempre incerta; ao contrário, dever-se-ia pensar que é extraordinário se um indivíduo chegar alguns anos antes aonde, após uma existência efêmera, terá de passar bilhões de anos[70].

Sentimos compaixão sem limites por aquele que sofrerá a morte, e, no entanto, sabemos que nada lhe acontecerá além do fim de um estado que, na verdade, não é desejável. Não seria esta uma prova de que nossa essência mais íntima é uma vontade-de-viver cega?[71]

Para nós, a morte é e permanece algo negativo – o término da vida; todavia, ela também tem de ter um lado positivo, que, no entanto, permanece encoberto para nós, pois nosso intelecto é totalmente incapaz de compreendê-lo. Por essa razão, conseguimos reconhecer o que perdemos com a morte, mas não o que ganhamos com ela[72].

O estado em que *a morte* nos coloca se nos apresenta como um nada absoluto; porém, isso significa apenas que ela é algo sobre o qual nosso intelecto – esse instrumento surgido somente para servir a vontade – é totalmente incapaz de pensar[73].

---

70. D, 2, p. 401.
71. HN III, p. 151.
72. Hb, 6, p. 296.
73. Senilia, p. 79,8.

Morrer

Sempre que um homem morre, um mundo desaparece, ou seja, aquele mundo que ele traz em sua cabeça; quanto mais inteligente a cabeça, mais compreensível, claro, significativo e abrangente é esse mundo e tanto mais horrível é seu desaparecimento[74].

Creio que, no momento da morte, damo-nos conta de que uma mera ilusão limitara nossa existência à nossa pessoa[75].

Certamente, a morte deve ser vista como o verdadeiro objetivo da vida: no momento em que ela se dá, é decidido tudo aquilo que fora apenas preparado e introduzido ao longo de todo o curso da vida[76].

Aquela condução invisível, que se manifesta apenas em uma ilusão incerta, leva-nos à morte, que é o verdadeiro resultado e, nesse sentido, objetivo da vida. Na hora da morte, todos os poderes misteriosos (embora, na verdade, enraizados em nós mesmos) que determinam o eterno destino do homem se concentram e entram em ação. De seu conflito resulta o caminho que agora o homem terá de trilhar, ou seja, sua palingenesia é preparada, com todo o bem e todo o mal nela incluídos e que, a partir desse momento, são irrevogavelmente determinados. – Nisso se baseia o caráter austero, importante,

---

74. H, pp. 412-3.
75. D, 2, p. 689.
76. D, 2, p. 730.

solene e temível da hora da morte. Ela é uma crise, no sentido mais forte do termo – um Juízo Final[77].

Geralmente, a experiência ensina que os moribundos desejam reconciliar-se com todos antes da separação[78].

Isso também se confirma pelo fato inegável de que, com a aproximação da morte, o curso dos pensamentos de todo homem – quer ele tenha seguido dogmas religiosos, quer não – assume uma direção moral, e é partindo de considerações inteiramente morais que ele se esforça para saldar as contas com o curso da vida que se conclui[79].

Talvez em circunstância alguma a oposição entre Antiguidade e modernidade se expresse de modo mais intenso do que quando alguém de nossa época, que nunca demonstrou especial interesse por Deus, passe, no entanto, a pensar Nele à medida que a morte se aproxima, enquanto é bem provável que todos dirijam seu pensamento unicamente a Deus no momento da morte. Em contrapartida, entre os antigos, tanto por parte de quem já morreu quanto por parte de quem está para morrer, não há nenhum interesse pelos deuses, de cuja esfera, por assim dizer, o homem já teria saído[80].

O mesmo ocorre com o Hipólito, de Eurípides, que chama nossa atenção pelo fato de que Ártemis, que aparece para consolá-lo, promete-lhe um templo e glória pós-

---

77. D, 4, p. 250.
78. D, 3, p. 732.
79. D, 3, p. 731.
80. H, pp. 383-4.

tuma, mas não faz nenhuma menção a uma existência que ultrapasse a vida, e o abandona no momento da morte, tal como todos os deuses se afastam de quem está morrendo. No cristianismo, ao contrário, eles se aproximam dele, e o mesmo se verifica no bramanismo e no budismo, embora neste último os deuses sejam, na verdade, de origem exótica[81].

Esse é o sentido das cerimônias, das orações e das exortações dos brâmanes na hora da morte, tal como se encontram conservadas em várias passagens do Upanixade, bem como da preocupação da religião cristã em fazer bom uso da hora da morte mediante o sermão, a confissão, a comunhão e a extrema-unção: eis a razão para as orações cristãs pedindo proteção contra um fim repentino. O fato de, nos dias atuais, muitos desejarem justamente esse fim prova apenas que já não adotam o mesmo ponto de vista do cristianismo, que é o da negação da vontade-de-viver; em vez disso, defendem o ponto de vista da afirmação dessa vontade, que é pagão[82].

Justamente pelo fato de que uma morte repentina torna impossível esse olhar retrospectivo, a Igreja vê uma morte desse tipo como uma desgraça; para evitá-la, serve-se das orações[83].

---

81. D, 2, p. 494.

Eurípides, 485/4-407/6 a.C.; poeta trágico; em sua tragédia *Hipólito*, os deuses se mostram "como expoentes de uma ordem que não é aplicável à esfera humana".

82. D, 2, p. 697.

83. D, 2, p. 730.

Se pudéssemos ver com a mesma clareza tanto o tempo que temos pela frente quanto o que deixamos para trás, o dia de nossa morte nos pareceria tão próximo quanto agora o passado distante de nossa juventude muitas vezes se encontra ilusoriamente perto de nós[84].

Perduração após a morte

Nesse sentido, a morte permanece um mistério. – Por outro lado, ao se manter justamente essa diferença entre fenômeno e coisa em si, pode-se afirmar que, de fato, o homem é efêmero como fenômeno, porém sua essência em si não é afetada pela efemeridade; portanto, ela é indestrutível, ainda que não se lhe possa atribuir nenhuma perduração, devido à eliminação dos conceitos temporais que ela implica. Por conseguinte, seríamos conduzidos ao conceito de uma indestrutibilidade, que, no entanto, não seria uma perduração[85].

Com efeito, embora cada um seja efêmero apenas como fenômeno, como coisa em si é atemporal, ou seja, igualmente infinito; mas também apenas como fenômeno ele é diferente das outras coisas do mundo; como coisa em si ele é a vontade que em tudo se manifesta, e a morte anula a ilusão que separa sua consciência daquela dos demais: nisso consiste a perduração[86].

---

84. HN IV (1), p. 274.
85. D, 2, p. 563.
86. D, 1, p. 333.

É totalmente inconcebível que aquilo que já existiu brevemente, em todo o vigor da realidade, em seguida deixe de existir por um tempo infinito. A contradição é muito grande: nela se baseiam a doutrina dos cristãos sobre a apocatástase de todas as coisas, a dos hindus sobre a criação do mundo, que sempre se repete por meio de Brama, e dogmas semelhantes de Platão e outros filósofos[87].

[...] no que se refere à *perduração após a morte*, no *budismo* existem uma doutrina exotérica e outra esotérica: a primeira é justamente a *metempsicose*, como no bramanismo; a segunda, porém, é uma *palingenesia* muito mais difícil de compreender, que coincide em grande medida com minha doutrina da subsistência metafísica da vontade no que se refere à natureza meramente física do intelecto e, portanto, à sua efemeridade. A *palingenesia* já aparece no Novo Testamento. Contudo, a morte deve ser vista como uma punição de nossa existência[88].

Em correspondência a essa ideia, são perfeitamente comuns na Índia o desprezo pela morte, a mais completa serenidade e até mesmo a alegria no momento de morrer. Em contrapartida, o judaísmo, que, em sua origem, é a única religião puramente monoteísta e que ensina

---

87. HN III, p. 643.
88. Senilia, p. 65,4.

Metempsicose: transmigração da alma; palingenesia: renascimento da alma.

que um deus é o verdadeiro criador do céu e da terra, com perfeita coerência não possui uma doutrina da imortalidade e, portanto, nenhuma retribuição após a morte, mas apenas punições e recompensas temporais, distinguindo-se igualmente de todas as outras religiões, ainda que não em vantagem própria. A esse respeito, as duas religiões nascidas do judaísmo tornaram-se realmente incoerentes, uma vez que, a partir de dogmas melhores e que elas conheceram de outro modo, aceitaram a imortalidade, mas mantiveram o Deus criador[89].

Contudo, aquele já mencionado caráter fundamental do cristianismo, que Agostinho, Lutero e Melanchthon compreenderam muito bem e sistematizaram do melhor modo, nossos racionalistas atuais, seguindo a esteira de Pelágio, fazem o possível para apagar e eliminar com sua exegese, a fim de reconduzir o cristianismo a um judaísmo árido, egoísta e otimista, com o acréscimo de uma moral melhor e de uma vida futura, como a que exige o otimismo levado às últimas consequências, para que a glória não termine tão rapidamente e a morte, que grita tão alto contra a visão otimista e, ao final, como o convidado de pedra que se aproxima do alegre Don Juan, seja despachada[90].

Uma vez aceito o teísmo, não muito melhor do que para o livre-arbítrio é a situação de nossa perduração após a morte. O que é criado a partir de outro ser teve um

---

89. D, 4, p. 143.
90. D, 5, p. 422.

início de sua existência. O fato de que esse indivíduo, que não existiu por um tempo infinito, tenha de perdurar doravante por toda a eternidade é uma hipótese exageradamente ousada. Se apenas com meu nascimento passo a existir e sou criado a partir do nada, é grande a probabilidade de que, ao morrer, eu volte a me transformar em nada[91].

Justamente o fato de as pessoas se convencerem de que a morte não é a morte, e sim o começo de uma nova vida, e insistirem nessa ideia, é o maior de todos os erros e a expressão abstrata daquele erro fundamental, daquele erro prático (pecado, pecado original) que é a própria vida. Não querem deixar a vida, chegam a falar de uma vida da alma, que é uma *contradictio in adjecto* [contradição interna][92].

Um erro natural também é o de vermos a morte como a passagem para um estado totalmente novo e desconhecido por nós, cuja obscuridade muito contribui para torná-lo assustador. Na verdade, porém, o estado para o qual a morte nos reconduz nos é muito familiar e muito mais habitual e próprio a nosso ser do que o estado efêmero da vida, que nada mais pode ser além de um episódio do primeiro, que só nos é tão estranho porque não pode ser assimilado por nossa consciência[93].

---

91. D, 4, p. 142.

Teísmo: crença em um deus criador pessoal, que atua no mundo a partir de fora.

92. HN I, p. 87.

93. HN III, p. 642.

Para mim, o desejo que todos têm de serem *lembrados* após a morte e que, nos ambiciosos, eleva-se ao *desejo de glória póstuma*, parece surgir do apego à vida, que, vendo-se excluído de toda possibilidade de existência real, tenta então agarrar-se à única existência ainda disponível, embora apenas ideal, ou seja, a uma sombra[94].

Apontamentos sobre a morte

De certo modo, todo falecimento se apresenta como uma espécie de apoteose ou canonização.
(D, 2, p. 729; HN III, p. 591)

La mort, mon cher, n'est autre chose, qu'un changement de décoration.
(H, 412; HN III, pp. 92, 705: A morte, meu caro, nada mais é do que uma mudança de decoração.)

Em breve a morte irá me solicitar; ela é o guia desconhecido que me trouxe para esta vida.
(HN III, p. 92)

Em regra, apenas o fim total, o fim de todos os fins, é o que desejamos que nos ocorra o mais tarde possível.
(D, 5, p. 645)

---

94. Senilia, p. 35,3.

O sono é o juro provisório devido à morte, que, por sua vez, constitui o pagamento do capital.
(D, 4, pp. 489-90, 580)

O pagamento do capital ocorre pela morte.
(D, 2, p. 663)

Os sofrimentos, que pertencem exclusivamente ao presente, só podem ser físicos: o maior deles é a morte.
(D, 9, p. 238)

Na medida em que é um sofrimento, a morte é um impulso à salvação, mas não a salvação em si.
(HN 1, p. 163)

[...] e a morte é o grande reservatório da vida.
(D, 4, p. 550)

[...] até a morte, esse verdadeiro resultado e, nesse sentido, objetivo da vida.
(D, 4, p. 250)

A morte é o resultado, o resumo da vida, ou a soma obtida [...].
(D, 2, p. 730)

A morte é a separação entre a vontade e o intelecto.
(HN IV (1), p. 234)

A morte se assemelha ao pôr do sol, que apenas aparentemente é engolido pela noite [...].
(D, 1, p. 433)

[...] portanto, todo o seu mundo desaparece necessariamente com a morte, que, por essa razão, tem para ele o mesmo significado que o desaparecimento do mundo.
(D, 3, p. 667)

[...] em que ele vê a morte como o piscar de olhos, que não interrompe a visão.
(D, 3, p. 743)

[...] para a morte, que, com um só golpe, tudo destrói, tudo o que o homem quis, coroando, assim, a lição que a vida lhe dá.
(D, 2, p. 730)

[...] e interpreta a morte como o objetivo de minha existência.
(D, 5, p. 17)

Por certo, a morte deve ser vista como o verdadeiro objetivo da vida.
(D, 2, p. 730)

Abreviações das obras citadas

Arthur Schopenhauers sämtliche Werke [Obras completas de Arthur Schopenhauer], organizado por Paul Deussen, Munique, 1911 ss.

Primeiro volume D, 1 = *Die Welt als Wille und Vorstellung* [*O mundo como vontade e representação*], primeiro volume, Munique, 1911, 1924.

Segundo volume D, 2 = *Die Welt als Wille und Vorstellung*, segundo volume, Munique, 1911.

Terceiro volume D, 3 = *Der Satz vom Grunde* [*O princípio de razão*], *Über den Willen in der Natur* [*Sobre a vontade na natureza*], *Die beiden Grundprobleme der Ethik* [*Os dois problemas fundamentais da ética*], Munique, 1912.

Quarto volume D, 4 = *Parerga und Paralipomena, Kleine philosophische Schriften* [*Parerga e Paralipomena, pequenos escritos filosóficos*], primeiro volume, Munique, 1913.

Quinto volume	D, 5	=	*Parerga und Paralipomena, Kleine philosophische Schriften*, segundo volume, Munique, 1913.
Sexto volume	D, 6	=	*Ueber das Sehn und die Farben* [Sobre a visão e as cores], *Theoria colorum physiologica* [Teoria fisiológica da cor], *Balthazar Gracian's Hand-Orakel* [O oráculo manual de Baltazar Gracián], *Ueber das Interessante* [Sobre o interessante], *Eristische Dialetik* [Dialética erística], *Ueber die Verhunzung der deutschen Sprache* [Sobre a mutilação da língua alemã], organizado por Franz Mockrauer, Munique, 1923.
Nono volume	D, 9	=	*Arthur Schopenhauers handschriftlicher Nachlaß, Philosophische Vorlesungen, Erste Hälfte: Theorie des Erkennens* [Manuscritos póstumos de Arthur Schopenhauer, Conferências filosóficas, primeira parte: teoria do conhecimento], sob a coordenação e com a colaboração de Paul Deussen, pela primeira vez inteiramente organizado por Franz Mockrauer, Munique, 1913.
Décimo volume	D, 10	=	*Philosophische Vorlesungen, Zweite Hälfte: Metaphysik der Natur, des Schönen um der Sitten* [Conferên-

cias filosóficas, segunda parte: Metafísica da natureza, do belo e dos costumes], Munique, 1913.

Arthur Schopenhauer, Sämtliche Werke [Arthur Schopenhauer, Obras completas], organizado por Arthur Hübscher, terceira edição, Wiesbaden, 1972.

Primeiro volume Hb, 1 = *Schriften zur Erkenntnislehre* [Escritos sobre a teoria do conhecimento].
Segundo volume Hb, 2 = *Die Welt als Wille und Vorstellung*, primeiro volume.
Terceiro volume Hb, 3 = *Die Welt als Wille und Vorstellung*, segundo volume.
Quarto volume Hb, 4 = *Schriften zur Naturphilosophie und zur Ethik* [Escritos sobre a filosofia da natureza e sobre a ética], I. *Ueber den Willen in der Natur* [Sobre a vontade na natureza], II. *Die beiden Grundprobleme der Ethik* [Os dois problemas fundamentais da ética].
Quinto volume Hb, 5 = *Parerga und Paralipomena*, primeiro volume.
Sexto volume Hb, 6 = *Parerga und Paralipomena*, segundo volume.
Sétimo volume Hb, 7 = *Über die vierfache Wurzel des Satzes vom zureichenden Grunde (Dissertation 1813)* [Sobre a quádrupla raiz do princípio de razão

suficiente (Dissertação, 1813)], trechos cancelados, variantes de edições anteriores, citações e trechos em língua estrangeira, índice onomástico e analítico.

Arthur Schopenhauer, *Der handschriftliche Nachlaß* [Os manuscritos póstumos], organizado por Arthur Hübscher, Frankfurt am Main, 1966-1975.

Primeiro volume	HN I	= *Frühe Manuskripte* [Primeiros manuscritos] (1804-1818).
Segundo volume	HN II	= *Kritische Auseinandersetzungen* [Exposições críticas] (1809-1818).
Terceiro volume	HN III	= *Berliner Manuskripte* [Manuscritos berlinenses] (1818-1830).
Quarto volume		
Primeira parte	HN IV (1)	= *Die Manuskriptbücher der Jahre 1830 bis 1852* [Os livros manuscritos dos anos 1830 a 1852].

Quarto volume		
Segunda parte	HN IV (2)	= *Letzte Manuskripte* [Últimos manuscritos], *Gracians Handorakel*.
Quinto volume	HN V	= *Randschriften zu Büchern* [Anotações marginais sobre os livros].
H		= *Aus Arthur Schopenhauer's handschriftlichen Nachlaß, Abhandlungen, Anmerkungen, Aphorismen und Fragmente* [Dos manuscritos póstumos de Arthur

	Schopenhauer, tratados, anotações, aforismos e fragmentos], organizado por Julius Frauenstädt, Leipzig, 1864.
Senilia	= *Arthur Schopenhauer: Senilia, Gedanken im Alter* [Arthur Schopenhauer: Senilia, pensamentos na velhice], organizado por Franco Volpi e Ernst Ziegler, Munique, 2010.

GRÁFICA PAYM
Tel. [11] 4392-3344
paym@graficapaym.com.br